Dorothee Sölle

Leiden

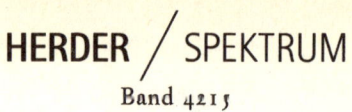

Band 4215

Das Buch

Leiden ist die große Herausforderung an Menschen: Warum müssen wir leiden? Ist es möglich, im Schmerz einen Sinn zu entdecken und seine Würde zu bewahren? Wie unterscheidet sich ein Leiden, das nur unmenschliche Qual ist, von einem Leiden, das menschlich reifen läßt? Dorothee Sölle gibt überraschende Antworten. Antworten, die immer wichtiger werden in einer Zeit, die das Leiden verdrängt und leidende Menschen alleinläßt – oder es über die Medien nur noch konsumiert. Die jüdische und christliche Tradition hilft, das menschliche Leiden besser zu verstehen. Dorothee Sölle: „Es liegt mir fern, Frauen für ‚ihren' Brustkrebs oder ‚ihre' Arbeitslosigkeit die Verantwortung aufzubürden. Ich kann die reale Verseuchung unserer Lebensmittel und die reale Vernichtung des Menschenrechts auf Arbeit nicht in die Individualprobleme verzaubern und sie rein psychologisch behandeln. Gerade im Verständnis der Zusammengehörigkeit vom Persönlichen und dem Politischen hilft uns die Tradition." Dorothee Sölle hat ein sehr persönliches, sensibles und leidenschaftliches Buch gegen jede Apathie geschrieben. „Dorothee Sölles edelstes und wichtigstes Buch" (Basler Nachrichten).

Die Autorin

Dorothee Sölle, Dr. theol., Publizistin, Lyrikerin. Von 1975 bis 1987 lehrte sie als Professorin am Union Theological Seminary in New York. Mitglied des PEN. Lebt in Hamburg. Zahlreiche Publikationen.

Dorothee Sölle

Leiden

Herder
Freiburg · Basel · Wien

DEM ANDENKEN AN
WOLF-DIETER MARSCH
1928–1972
GEWIDMET

Alle Rechte vorbehalten – Printed in Germany
Verlag Herder Freiburg im Breisgau 1993
© Kreuz Verlag Stuttgart 1973
Herstellung: Freiburger Graphische Betriebe 1993
Umschlaggestaltung: Joseph Pölzelbauer
Umschlagmotiv: Pablo Picasso, Sitzender Rückenakt (1902),
© VG-Bildkunst 1993
ISBN 3-451-04215-0

Vorwort zur Taschenbuchausgabe

Das Interesse dieses Buches ist es, die jüdische und christliche Tradition als Hilfe zum Verständnis menschlichen Leidens zu gebrauchen. Es liegt mir fern, Frauen für „ihren" Brustkrebs oder „ihre" Arbeitslosigkeit die Verantwortung aufzubürden. Ich kann die reale Verseuchung unserer Lebensmittel und die reale Vernichtung des Menschenrechts auf Arbeit nicht in Individualprobleme verzaubern und sie rein psychologisch behandeln. Gerade im Verständnis der Zusammengehörigkeit vom Persönlichen und dem Politischen hilft uns die Tradition.

Ich habe einige bewegende Reaktionen von Leserinnen und Lesern auf dieses Buch hin bekommen. Eine stammt von dem Verfasser des Textes „Glaubt mir, Leute..." (S. 80). Florian Knobloch schrieb mir: „Es ist mir nicht bekannt, welche Folgen nicht nur für mich Ihr Buch ‚Leiden' hatte. Durch Ihr Buch und meinen Text inspiriert, schuf der Komponist Prof. Klaus Huber ein Werk, Oratorium (zeitgenössische Musik) ‚Erniedrigt – Geknechtet – Verlassen – Verachtet...'." (Welturaufführung Donaueschingen 1983).

Vor kurzem sprach mich in New York eine junge Frau an, die in einem ‚shelter', einem Frauenhaus für geschlagene Frauen, arbeitete. Sie wollte das Buch ‚Leiden' mit mir diskutieren, aber bis zu dem mystischen Begriff der ‚Annahme', an dem ich gern weiterdenken und formulieren möchte, sind wir nicht gekommen. Sie wollte vor allem ihr Erstaunen darüber ausdrücken, daß ich „so früh" das Leiden der geschlagenen Frauen erkannt hätte. Ich fragte etwas verwirrt, ob sie denn meine, vor 1970 und dem Beginn der neuen Frauenbewegung sei das Leiden von Frauen unsichtbar gewesen. Ihre Antwort hat mich verblüfft; in der Theologie, sagte sie, habe kaum jemand sich die Mühe gemacht, das geschlechtsspezifische Leiden von Frauen zu benennen. Ich meinte, der Ausdruck „geschlechtsspezifisches Leiden" würde mir nicht so ohne weiteres in die Feder fließen; Hautfarbe, historischer Kontext und sozialer Ort innerhalb der Klassengesellschaft seien doch genauso wichtig. Theologisch konnten wir uns leicht einigen: ihre und meine an einer deutschen Universität gelernte Theologie hatte die Passion Christi eher als ein innertrinitarisches Ereignis denn als sichtbarmachendes Zeichen des realen Schmerzes Gottes in der Welt verstanden. Empört stellte sie fest: „Die haben die wirkliche Geschichte des Leidens der Armen umgewandelt in die Leidensgeschichte eines einzelnen, höheren, männlichen Wesens!" Ich meinte, das sei fatal genug, aber mit dieser spirituellen Distanzierung von der Realität habe ich mich nie abfinden können. Nur, Feministin sei ich damals noch nicht gewesen. Die junge Frau lächelte mich an, sie habe im Seminar einmal etwas von

einer ‚anima naturaliter christiana' gehört, einer von Natur und ohne Taufe oder Bekehrung christlichen Seele. Ich mußte auch lachen, sollte ich denn annehmen, daß es eine ‚anima naturaliter feminista' gibt? Einen anderen Blick für das Leiden?
Eine andere Frau hat mir erzählt, wie sie nach einer Tumoroperation in der Klinik lag und von der Krankenschwester ermahnt wurde, das ‚schwere Zeug', das dieses Buch darstellt, doch wegzulegen. Über diesen Rat war sie so empört, daß ich ihr die Genesung glauben konnte. Gerade das sei es doch, was sie jetzt brauche, den Zusammenhang von ‚Leiden' und ‚Lernen' wiederherzustellen!
Das Buch ‚Leiden' ist vor 20 Jahren erschienen, Teile davon habe ich in einem unvergeßlichen Urlaub von der Familie, vom Telefon, von der Post, von regelmäßigen Mahlzeiten und anderen Gewohnheiten, die ein Leben mit vier Kindern mit sich bringt, im Cinque Terre geschrieben. Ohne das Rauschen des winterlichen Meeres wäre das Buch sicher nicht das geworden, was es ist, die Suche eines unweisen Menschen nach Weisheit.
Es ist im Umkreis der 68er Studentenbewegung entstanden, aber doch mit der Theologie-eigenen Distanz, die die Beschäftigung mit tausend Jahre alten Texten, ihren Versprechungen, ihren Tröstungen mit sich bringt. Am deutlichsten zeitbedingt ist es sicher in den Kapiteln über Vietnam, diesem zweiten Trauma meiner Generation. (Als ob uns eins, das deutscheste, nicht gereicht hätte!) Das Bild dieses kleinen Landes ist seitdem gründlich beschädigt, teilweise zu Unrecht, weil viele Europäer Vietnam und Kambodscha samt seinem Steinzeitkommunismus nicht auseinanderhalten konnten. Ich will mich nicht von den damaligen Schmerzen und Hoffnungen distanzieren, ich halte sie nach wie vor für menschheitlich unabdingbar, falls aus der postmodernen Kultur der Apathie und der Abschottung vom Leiden noch eimal eine konziliare entstehen soll, die uns mit den Armen und mit der Schöpfung versöhnt. Wenn in diesem Zusammenhang eine linke Selbstkritik am Platz wäre, dann am ehesten bei dem Sachverhalt, den wir heute manchmal den „Export der Hoffnungen" – nach Vietnam, nach Tansania, nach Nicaragua – nennen. Aber es ist in der Tat nicht einfach, hierzulande Hoffnung auszumachen, sie zu importieren oder gar auszubauen! Die Preise für dieses Gewächs sind in den letzten 20 Jahren enorm gestiegen.
Und so hoffe ich, daß es immer noch Lesende gibt, die ihr und unser aller Leiden nicht „weglegen", sich in die individuelle Kuschelecke zurückziehen, sondern die Fragen, die es an uns stellt, auch in der Menschheitssprache bearbeiten, die in tiefem biblischem Realismus, in Angst und Weisheit, Antworten zu geben versucht. Ich meine die verlernte Sprache der Religion und wünsche mir, daß dieses Buch etwas zur Alphabetisierung beiträgt.

Hamburg, April 1993   Dorothee Sölle

EINLEITUNG:
Die beiden Fragen

»*Ich irre umher in meiner Klage. Ich bin in Unruhe ob des Lärmens der Feinde, ob des Schreiens der Gottlosen. Mein Herz ängstigt sich in meiner Brust, und die Schrekken des Todes befallen mich. Furcht und Zittern kommt mich an, und Grauen bedeckt mich.*«

PSALM 55, 3—6

Selbsterfahrungen wie die hier genannten werden immer noch gemacht, Fragen, die man weder beantworten noch abschaffen kann, immer noch gestellt. Warum müssen wir leiden? Ist es möglich, dem Schmerz einen Sinn zu geben? Kann man, soll man aus Leiden lernen, wie es die antike und die jüdisch-christliche Tradition anempfiehlt? Ist Leiden einer der in unserer Kultur verleugneten Werte? Ist die Absicherung vor dem Leiden jeden Preis wert? Soll man sich und anderen wünschen, ein schmerzfreies Leben zu führen? Das harmonisch in einen schmerzfreien Tod ausklingt? Ist es möglich, die vielfältigen Formen des Schmerzes in einen lebenslangen Lernprozeß zu integrieren? Und wie unterscheidet sich ein Leiden, das blind und taub macht, das uns verstümmelt zurückläßt, von einem Leiden, das für uns produktiv wird?

Ich gehe von der Voraussetzung aus, daß die Aufhebung der Zustände, in denen Menschen durch Mangel und Herrschaft zum Leiden gezwungen werden, das einzig human denkbare Ziel ist. Der »kategorische Imperativ, alle Verhältnisse umzuwerfen, in denen der Mensch ein erniedrigtes, ein geknechtetes, ein verlassenes, ein verächtliches Wesen ist«[1], ist als Forderung kein Gegenstand der Diskussion mehr, dank Karl Marx. Das Gespräch mit der traditionellen christlichen Leidenstheologie, das hier unter dem Titel »Kritik des christlichen Masochismus« geführt wird, ist ein Nachhutgefecht, notwendig allerdings einmal wegen der noch andauernden gesellschaftlichen Wirkungen christlicher Perversionen der Liebe, sodann auch zur Selbstbefreiung einer kritischen Theologie, die häufig auch dort, wo sie ihren Sadomasochismus nicht mehr artikuliert, im Banne seiner

Denkschemata verharrt. Auch das Schweigen über das Leiden kann der menschenverachtenden Tradition des theologischen Sadismus entstammen.

Die gegenwärtige Frage scheint mir nicht die nach der Notwendigkeit und Möglichkeit der Abschaffung des Elends, sondern die nach den Subjekten dieses Prozesses. *Wer* arbeitet an der Aufhebung gesellschaftlicher Zustände, die notwendig Leiden produzieren? Sicher nicht die Leidfreien. Sicher nicht die Leidensunfähigen, die zugleich wahrnehmungsunfähig für das Leid anderer geworden sind. Sicher auch nicht die, die durch andauernde Leidenssituationen so zerstört sind, daß sie ihnen nur noch in hilflosen und aggressiven Fluchtbewegungen begegnen können.

An der Aufhebung der Zustände, in denen Menschen sinnlosen, objektiv überflüssigen Leiden — wie Hunger, Unterdrückung, Folter — ausgesetzt sind, werden nur die Leidenden selber arbeiten. Werden wir zu ihnen gehören — oder werden wir auf der andern Seite der Barriere stehenbleiben? Dieses Buch ist ein Versuch, an dieser Frage zu arbeiten.

Ich verstehe die genannte Barriere nicht als eine natürliche, objektiv gegebene Tatsache. Nicht deswegen, weil ich weiß bin, mehr als genug zu essen habe und zur Mittelklasse eines Industrielandes gehöre, bin ich schon auf der Seite derer, die nichts zu leiden haben und die darum keinen Grund zu kämpfen sehen. Der Platz, an dem ich lebe, ist kein Schicksal, die Klasse, in die ich geboren bin, kein unabänderliches Fatum. »Die große Schuld des Menschen sind nicht die Sünden, die er begeht, — die Versuchung ist mächtig und seine Kraft gering! — die große Schuld des Menschen ist, daß er in jedem Augenblick die Umkehr tun kann und nicht tut.«[2] Daß die Umkehr möglich ist, das heißt, daß es möglich ist, mit den Leidenden zu leiden und ihre Kampfe hier zu kämpfen.

Ich schreibe dieses Buch in den Monaten, da der Vietnamkrieg zu Ende geht. Ich schreibe es in der Bitterkeit dessen, der sich zwischen neuen amerikanischen Bombardements und Demonstrationen fragt: Warum hilft unser Schrei nicht? Was nützt unser Protest? Haben wir zu leise geschrien? Warum haben wir keine Verbündeten gefunden — im Ministerpräsidenten, wie die Schweden, in den Gewerkschaften, wie die Australier, in einigen Kirchen, wie die Amerikaner? Warum konnten wir so wenig Menschen erreichen? Warum konnte ich meine Verzweiflung über den Massenmord meinen Geschwistern nicht erklären, warum nicht der Frau, die meine Manuskripte tippt — und die den Bombenkrieg in Köln miterlebt hat? Warum konnten wir den Christen, die sonntags in die Kirchen gehen, nicht zeigen, wo das Kreuz heute steht? Und warum haben die Arbeiter in diesem Teil Deutschlands, die doch wissen, was Ausbeutung bedeutet, am wenigsten für das Schicksal der Reisbauern, die die Ausbeutung satt hatten, übrig gehabt? Haben wir zu leise geschrien?

Eine der Ursachen unserer Ohnmacht wird in diesem Buch unter dem Namen »Apathie« behandelt. Das Ideal des leidfreien Lebens, die Illusion der Schmerzlosigkeit zerstört Menschen bis in ihre Wahrnehmungsorgane hinein. Wem es ernst ist mit der Frage nach dem Subjekt der Veränderung, der kann die Frage nach der Subjektivität der Veränderer nicht als zweitrangig für bessere Zeiten offenlassen. Die Frage an das Leiden kann nicht nur die neuzeitliche — nach seinen Ursachen und ihrer Abschaffung — sein, sondern muß sich mit der traditionellen — nach seinem Sinn und seiner Funktion — vermitteln.

Marx hat in der dritten These gegen Feuerbach eingewandt, daß die materialistische Lehre von der Veränderung der Umstände und der Erziehung eins vergißt: »Daß die Umstände von den Menschen verändert und der Erzieher selbst erzogen werden muß.« Er insistiert auf dem »Zusammenfallen des Änderns der Umstände und der menschlichen Tätigkeit oder Selbstveränderung« und faßt dieses Zusammenfallen »als revolutionäre Praxis«[3]. Ich konkretisiere diesen Gedanken auf die Frage nach dem Leiden hin. Je abhängiger sich Menschen von der erwarteten Abschaffung des Leidens machen, um so geringer ist ihre Kraft, sich tatsächlich dem Leiden entgegenzustellen. Wer mit dem privaten Leiden nur so umgeht, wie er es in dieser Gesellschaft gelernt hat — also illusionistisch, entwichtigend, verdrängend, apathisch —, der wird dieses Verhaltensmuster auch auf die gesellschaftlichen Leiden übertragen. Die moderne, gesellschaftskritische, nach außen bezogene Frage nach dem Leiden (Frage 1) kann nur dort sinnvoll gestellt werden, wo die traditionelle, auf das Individuum bezogene, nach innen gestellte Frage (Frage 2) nicht verdrängt wird.

Frage 1 lautet: »Aus welchen Ursachen entsteht Leiden, und wie sind seine Bedingungen aufhebbar?«, sie ist auf Frage 2 »Welchen Sinn hat Leiden, und unter welchen Bedingungen kann es uns menschlicher machen?« zurückbezogen. Wer die Aufhebung bestimmter Formen des Leidens, die heute noch die Mehrzahl der Menschen betreffen, übersieht, der wird sich mit Hilfe einer Ideologie des Ertragens an der gewinnbringenden Aufrechterhaltung der Zustände beteiligen; er wird seine innere »Interpretation« des Leidens konkret sadistisch veräußerlichen. Wer jeden Sinn des Leidens negiert und das Individuum (mit seinen »privaten Wehwehchen« wie Ehescheidung oder Krebstod) auf das sozioökonomische Geflecht verrechnet, der wird zerbrechen und zynisch werden müssen.

Das Problem der beiden unterschiedenen Fragen ist zugleich eines der Methoden. Im Sinne von Frage 1 verbietet sich nämlich die Diskussion »des« Leidens als eines allgemeinen Problems. Welchen Sinn könnte es haben, die verschiedenen Arten von Schmerz ohne Blick auf die konkreten gesellschaftlichen Ursachen zu untersuchen? Ist nicht schon der Ansatz, der Mißernte und Krieg, Dürre und Pest, Umweltschädigung und systematische Entlaubung unter eine Fragehinsicht zwingt, falsch, weil er eben die Ursachen zur Nebensache erklärt und die Frage, privatistisch verengt, zum universalen Problem aufbauscht? Wird damit nicht »das Leiden« zu einem metaphysischen Problem erst gemacht, weil man es enthistorisiert hat? Das Argument ist unwiderlegbar (und ich versuche deswegen, von konkreten gegenwärtigen Leidenssituationen jeweils auszugehen und verschiedenartige Zeugnisse des Leidens einzubeziehen), gleichwohl scheint es mir in seiner das Allgemeine exkludierenden Form falsch. In seiner Konsequenz leugnet es, daß überhaupt aus vergangenen geschichtlichen Erfahrungen gelernt werden könne. Es technifiziert die einzelnen unwiederholbaren Situationen — unter dem seinerseits ahistorischen Gesichtspunkt der »Abschaffbarkeit« von Leiden, es veranschlagt die verschiedenen Formen der Auseinandersetzung mit Leiden (worunter Sinngebung und »aus Leiden lernen« zu rechnen ist) zu gering und verkennt, daß mögliche Haltungen dem Leiden gegenüber, die früher erprobt wurden, neu aktualisiert werden können, sofern eben ihr historischer Kontext im Bewußtsein bleibt. Warum sollten wir nicht aus anderem Verhalten zu anderem, doch analogen Leiden lernen können?

Damit hängt zusammen ein weiterer methodischer Einwand, der die Sprache der Untersuchung betrifft. Wenn das Leiden erkennbar ist nur unter dem Aspekt der Frage 1, dann verbietet sich zunächst jede außerwissenschaftliche Sprache. Dann muß die ökonomische, sozialpsychologische und psychologische Analyse alle früheren Sprachmöglichkeiten, zum Beispiel des philosophischen, theologischen und symbolischen Sprechens, ablösen. Die theologische Sprache fügt dann der Erkenntnis nichts hinzu, die Wahrheit des Gesagten muß sich außertheologisch erweisen.

Dieser Einwand macht mir sehr zu schaffen. Es ist notwendig, das christliche Verständnis des Leidens so zu artikulieren, daß keine Voraussetzungen christlicher Vorentscheidung oder Sozialisation gemacht werden. Ein Buch wie dieses hat nur Sinn, wenn es denen, die Leid tragen, zu sagen in der Lage ist, daß sie »selig« sind und getröstet werden. Dieses ihr Glück ist unabhängig davon, ob sie sich als Christen verstehen. Wenn aus den Worten der Bergpredigt etwas zu lernen ist, so muß dies für alle möglich sein.

Aber nötigt diese Einsicht von der Voraussetzungslosigkeit wirklich zum Aufgeben jeder theologischen Sprache, also einer Sprache, die das Bestehende und alles, was sich aus ihm ableitet, übersteigt? Drängt diese Überlegung einen nicht eher dazu, neue theologische Sprache zu suchen? Die Begrenzung unseres Redens auf wissenschaftliche Sprache führt zu einem immer größeren Verstummen; »was sich nicht klar sagen läßt« (Wittgenstein), bleibt unbearbeitet. Dagegen scheint es mir Aufgabe der Theologie — formal bestimmt —, die Grenzen unserer Sprache zu erweitern. Dem Meer des sprachlosen Todes Land abgewinnen, das wäre Theologie, die diesen Namen verdiente. »Ihr müßt alles sagen, Brüder und Schwestern, bevor wir fallen. Was haltet ihr zurück in den Kerkern eures Hirns, wen habt ihr an die Wand gekettet? Habt ihr euch auf eine höhere Ebene gestellt, um dem Dreck und den Stürmen des Lebens zu entgehen? Habt ihr je einen Menschen getreten, wenn er unten lag, nur damit ihr euch selbst stark fühlt? Morgen kann es schon zu spät sein. Welche Anmaßung ist es, zu glauben, ein schwaches Lied an Gott könnte ihn dazu bringen, euren Namen zu rufen! Ihr müßt alles sagen . . .«[4]

Dieses Buch ist aus dem Dialog mit der christlichen Tradition entstanden, mehr noch: es ist der Versuch eines heutigen Christen, Erfahrungen mit dem Glauben zu reflektieren. Dabei werden, wie in aller ernsthaften gegenwärtigen Theologie, mehrere Sprachen benutzt. Das methodische Verbot, noch theologisch-symbolisch zu reden, erscheint mir wie eine Aufforderung zur Eindimensionalität, der ich nicht nachkommen kann, weil Fragen wie die nach dem Leiden, auch dem früher erlittenen, heute schon abschaffbaren, ohne Fremdsprache heute nicht beantwortet werden können.

Ich sehe meine Aufgabe als Theologe methodisch in drei Schritten:

> zu übersetzen, was immer in gegenwärtige wissenschaftliche Sprache übersetzt werden kann,
> zu eliminieren, was dem Glauben an Liebe widerspricht,
> zu benennen und blöde zu wiederholen, was ich weder übersetzen noch als überflüssig preisgeben kann.

»Blöde« einmal im älteren Sinn des Wortes, weil unsere schwachen Augen nicht in der Lage sind, das, wovon wir sprechen, zu sehen; sodann im gegenwärtigen Sinn, weil das Wiederholen von unverstandenen, nicht-gedachten Sätzen ein Zeichen der Blödigkeit ist.

So wiederhole ich denn, was geschrieben steht: »Siehe da, die Hütte Gottes bei den Menschen; und er wird bei ihnen wohnen, und sie werden sein Volk sein, und Gott selbst wird bei ihnen sein. Und er wird alle Tränen abwischen von ihren Augen, und der Tod wird nicht mehr sein, und kein Leid noch Geschrei, noch Schmerz wird mehr sein; denn das Erste ist vergangen« (Offenbarung 21, 3—4).

I
Zur Kritik des christlichen Masochismus

»*Und in der Tat, Herr: wir sehen an den Strafen, die schon über uns gekommen sind, daß du mit gutem Recht über uns erzürnt bist. Denn da du genau und gerecht bist, peinigst du die Deinen nicht ohne Grund. Da wir also von deinen Ruten geschlagen sind, erkennen wir, daß wir dich gegen uns aufgebracht haben. Auch jetzt sehen wir noch deine Hand erhoben, um uns zu strafen. Denn die Schwerter, die du gebrauchst, um deine Vergeltung zu üben, sind gezückt, und die Drohungen, die du gegen Sünder und Übeltäter aussprichst, stehen alle bereit.*
Wohlan, selbst wenn du uns noch viel strenger bestraftest, als du es bis jetzt getan hast, und wenn wir für eine Plage hundert ertragen müßten, selbst wenn die Verfluchungen, mit denen du einst die Sünden deines Volkes Israel geahndet hast, über uns kämen, bekennen wir doch, daß es mit vollem Recht geschähe, und wir leugnen nicht ab, daß wir es wohl verdient haben.«

CALVIN

1. Eine Ehe

Eine mir bekannte Frau lebt in einem kleinen bayrischen Dorf mit ihrem Mann und mit ihren drei Kindern. Der Mann ist ein schwächlicher Typ von kleiner Gestalt und geringen geistigen Gaben. Er trinkt seit vielen Jahren, kommt dann mutig krakeelend nach Hause und rächt sich an seiner Frau für alles, was das Leben ihm vorenthalten hat. Er quält sie systematisch. Er beschimpft sie als Hure, schreit bei offenem Fenster herum, so daß die Nachbarn es hören, macht die Kinder wach, oft schlägt er die Frau. Sie hat keinerlei eigenes Leben, sie darf nichts selbständig unternehmen, nicht über Zeit oder Geld verfügen. Er versucht auch, ihr den Rückhalt in der eigenen Familie zu nehmen, indem er sie bei ihren Geschwistern verleumdet oder — dies aber nur, wenn er getrunken hat — indem er ihre Mutter und die besuchenden Brüder direkt beschimpft und sie aus dem Haus wirft.
Die Frau erträgt diese Hölle. Sie geht am Wasser entlang und wünscht sich, darin zu liegen; sie spricht auch von Selbstmord, wird ihn aber — schon wegen der Kinder — kaum vollziehen. Zu einer Scheidung ist sie nicht zu bewegen. Sie leidet.
Diese Ehe gehört zu den vielen, die nur durch den Tod gelöst werden können. Die Frau lebt in einer dörflichen katholischen Gesellschaft, in der eine Ehescheidung noch sehr selten ist. Es ist nicht allein das kirchliche Gebot, das die Menschen daran hindert, sondern eher noch das sehr statische Weltbild, das solche Veränderungen nicht vorsieht, und schon gar nicht, wenn sie, wie in diesem Falle, von der Frau ausgehen müßten. Hinzu kommt

die wirtschaftliche Unsicherheit, oder genauer gesagt die Angst vor ihr, denn, objektiv betrachtet, würde diese außerordentlich tüchtige Frau sich auch mit ihren Kindern durchschlagen können. Aber sie lebt in einer unaufgeklärten Gesellschaft. Ihr Ruf, in der Welt des kleinen Dorfes ungeheuer wichtig, würde leiden. Sie müßte fortziehen und wäre so aller Wurzeln beraubt. Auch die Familie tut nichts, sie zu einer Scheidung zu bewegen. Man drückt seine Wut auf den Mann aus, aber die Anschauung, daß das, was ist, immer der Wille Gottes ist, ist hier noch tief verwurzelt. So leidet die Frau weiter, und es besteht keine Hoffnung auf eine Änderung des Zustandes.
Es handelt sich um eine Form der Entfremdung von sich selbst, die sich soziologisch charakterisieren läßt als »Macht-« und »Bedeutungslosigkeit«[1]. Machtlosigkeit bedeutet »die Erwartung oder Wahrscheinlichkeit, daß das eigene Verhalten auf das gewünschte Ergebnis keinen Einfluß hat«. Die Frau in unserem Fall hat es aufgegeben, ihren Mann zu einer Änderung des Verhaltens zu bestimmen. Die Nutzlosigkeit von Bitten oder Drohungen ist zu oft erfahren worden, die Einflußlosigkeit trotz gelegentlicher Versprechungen und neuer Anläufe immer wieder erlebt. Das Bewußtsein der Ohnmacht ist eine fundamentale Bestimmung des Leidens; jeder Versuch, Leiden zu humanisieren, muß an diesem Phänomen erfahrener Machtlosigkeit ansetzen und Kräfte aktivieren, die das Bewußtsein eigener Machtlosigkeit überwinden. Aber eben diese Kräfte sind im Fall der Frau wie verschüttet.
Damit hängt als weitere Dimension die »Bedeutungslosigkeit« zusammen, »das heißt der Verlust eines Mini-

mums an Klarheit über die eigene Orientierung bei dem Entscheidungsprozeß«[1]. Auch die Nicht-Entscheidung, das Weiterlaufenlassen eines begonnenen Prozesses ist ja eine gefällte Entscheidung. Aber im Rahmen der Entfremdung von sich selbst ist eben diese eigene Orientierung bedeutungslos geworden.

Je naturhafter das Leiden gefaßt wird, desto geringer ist das Selbstwertgefühl. Sehen Menschen zum Beispiel ihre Tätigkeit als in sich sinnlos an, verstehen sie sie als ein naturgegebenes Übel, so macht diese Zerstörung einer Lebensbeziehung, zum Beispiel der zur Arbeit, die Menschen nicht nur an diesem einen Punkt beziehungslos und verhältnislos — was so viel wie »tot« bedeutet[2]. Die erfahrene Bedeutungslosigkeit spielt dann auch in die meisten anderen Beziehungen hinein.

In der Sprache der Rollentheorie bezeichnet »Entfremdung« eine soziale Zuständlichkeit, der eine »Verringerung der Rollendistanz« zugrunde liegt. Eine Distanz, eine gewisse Freiheit der sozialen Rolle »Ehefrau« gegenüber, könnte in unserem Fall nur aufkommen unter anderen Sozialisationsbedingungen, die auch andere mögliche Rollen für die Frau offenhielten. Das Aufgehen in einer Rolle, von der es keine Distanzierung gibt, prädisponiert zum Leiden. »Entfremdung von sich selbst bedeutet eine Verringerung der Rollendistanz und dadurch eine Unterdrückung der notwendigen Ich-Leistungen beim Rollenspiel durch einen übergroßen Druck der Verhaltensnormen, der in der Engmaschigkeit und Überprägnanz der Rollenerwartungen zum Ausdruck kommt.«[3] Demnach wäre — gegen das gesellschaftliche Leiden und das Leiden an der Gesellschaft — Rollendistanz und Rollenvielfalt anzuraten; der leidende Mensch ist der, der »nicht mehr Herr, sondern Knecht seines Rollenhaushalts« ist.

Es scheint allerdings fraglich, ob die Rollentheorie zum Begreifen solcher gesellschaftlich vermittelten Leiden, die als persönliches Schicksal erfahren werden, überhaupt genug hergibt. Es käme doch darauf an, sich nicht nur — innerlich — von Rollen zu distanzieren, sondern sie — äußerlich — aufzuheben. Die Rolle der sich opfernden Frau, die Rolle des Lohnabhängigen, der »malochen« muß, sind nicht mit größerer Distanz zu bewältigen. Nicht die Engmaschigkeit und Überprägnanz der Rollenerwartung ist das Problem der Frau im erzählten Fall; die Liberalisierung sexueller Möglichkeiten außerhalb der Ehe zum Beispiel würde ihr Problem nicht lösen, solange der Rollenzwang selber — in einer zerstörten Ehe leben zu müssen oder gezwungen zu sein, einer sinnlosen Tätigkeit nachzugehen — nicht angetastet wird.

In gewissem Sinne führt daher der Versuch, das Problem des gesellschaftlichen Leidens »in der Sprache der Rollentheorie« zu analysieren, zu ähnlichen Ergebnissen wie die meisten christlichen Deutungen des Leidens, nämlich zur Rechtfertigung des Masochismus.

2. Die Dimensionen des Unglücks

Das Leiden, das diese Frau durchmacht, nähert sich dem an, was Simone Weil als »das Unglück« vom bloßen Schmerz und vom Leiden unterschieden hat[4]. Sie analysiert das Leiden in seinen drei wesentlichen Dimensionen: das physische, das psychische und das soziale Lei-

den. Das »Unglück« hat Anteil an allen drei Dimensionen.
Schmerzen, die uns nur in einer dieser Dimensionen treffen, sind nicht nur leichter zu überwinden, sondern werden vor allem leichter vergessen; sie hinterlassen nicht die Spuren in der Seele, die für »das Unglück« charakteristisch sind: den Stempel der Sklaverei, die »Entwurzelung des Lebens, etwas, das in mehr oder minder abgeschwächter Form dem Tode gleichkommt, etwas, das der Seele unabweisbar gegenwärtig ist durch den Zugriff oder die unmittelbare Drohung des körperlichen Schmerzes«. Alles wirkliche Leiden ist in den genannten drei Dimensionen aufzufinden. Ein nur körperlicher Schmerz hinterläßt keine Spuren; ist er behoben, zum Beispiel der Zahn gezogen, so sind die Schmerzen wie nicht gewesen. Aber auch der rein psychische Schmerz erreicht die Dimension des Unglückes noch nicht; der Geist, zu dessen Natur es gehört, das Unglück zu fliehen, »ebenso unverzüglich, ebenso unwiderstehlich, wie ein Tier den Tod flieht«, hat dann noch immer genug Ausweichmöglichkeiten. Ein vom physischen Schmerz verschontes Leiden ist immer noch »künstlich, imaginär«; ein rein seelischer Schmerz, »der nicht mit allen Fasern um solch einen nicht zu bewältigenden Kern geballt ist, ist bloße Romantik, bloße Literatur«.
Das wirkliche Unglück dagegen manifestiert sich zugleich physisch, zum Beispiel im erzählten Fall der Frau in anhaltendem Kopfschmerz. »Selbst im Falle der Abwesenheit oder des Todes eines geliebten Wesens ist der unaufhebbare Teil des Kummers etwas wie ein körperlicher Schmerz, eine Beklemmung des Atems, eine schrau-

bende Klammer um das Herz oder ein ungestilltes Bedürfnis, ein Hunger, oder auch die beinahe biologische Störung, die das plötzliche Freiwerden einer bisher durch eine Bindung ausgerichteten und nun ferner nicht mehr gelenkten Energie verursacht.«

Der dritte wesentliche Faktor des Leidens ist der soziale. »Nur dort gibt es wahrhaftes Unglück, wo auch in irgend einer Form ein sozialer Abstieg oder die Furcht vor einem solchen Abstieg vorliegt.« Der Abstieg kündigt sich an in der Isolierung, die das Unglück begleitet. Die Frau lebt einmal in der Angst vor sozialer Ächtung, ist aber de facto schon jetzt kein vollverantwortliches Glied der dörflichen Gemeinschaft. Ihr haftet auch jene soziale Auswirkung des Leidens an, die Simone Weil beobachtet: »Das Unglück ist lächerlich.«

Die Abwesenheit von Solidarität mit den Unglücklichen ist demnach die natürlichste Sache von der Welt. »Die Hühner stürzen sich mit Schnabelhieben auf ein verwundetes Huhn. Dies ist ein ebenso mechanisches Phänomen wie die Schwerkraft.« Es ist uns natürlich, die Unglücklichen mehr oder weniger zu verachten, »obgleich fast niemand sich dessen bewußt ist«.

Auch diese Beobachtung läßt sich am Fall der Frau verifizieren. Das Leiden, das sie leidet, ist ja aufhebbares Leiden, das wie ein Fossil aus vergangenen Zeiten in unsere Welt hereinragt. Es entstammt nicht-aufgeklärten gesellschaftlichen Zuständen. Aber eben dieser Gedanke — daß es ja nicht so sein müsse, daß man es doch ändern könne — ist ein Abwehrmechanismus, mit dem wir uns von der gegenwärtigen Wirklichkeit dispensieren. In einem gewissen Sinn hat alles Unglück anachronistischen Charakter: die tuberkulosekranken Indianer

Argentiniens ebenso wie die dem Mond ähnlich gemachte Landschaft Vietnams. Es ist nicht unsere Zeit, diese Zeit des Unglücks, es kann nicht wahr sein. »Alle Verachtung, allen Abscheu, allen Haß, die unsere Vernunft mit dem Verbrechen verbindet, verbindet unser Empfindungsvermögen mit dem Unglück.« Daran ändert die kostenlose Solidarisierung mit den Unglücklichen noch gar nichts; im genauen Wissen darüber, wie Leiden aufzuheben wäre, erscheint unsere Abwehr. Erst die eigene körperliche Erfahrung und die eigene erlebte soziale Hilflosigkeit und Bedrohung zwingen uns, »die Anwesenheit des Unglücks anzuerkennen«. Die Erfahrung des anachronistischen, des objektiv nicht mehr notwendigen Leidens verändert dann auch unser Zeitverständnis, nimmt uns die sich fortschrittlich fühlende Überlegenheit und macht uns synchron mit den anachronistisch Leidenden. Alle Hilfe für Leidende braucht diese Synchronisation, dieses Gleichzeitigwerden; andernfalls bleibt sie überlegene Caritas, die sich von oben herabneigt.

Die Erkenntnis der drei Dimensionen des Leidens — physisches, psychisches und soziales Leiden — ist konstitutiv für das weitere Eindringen in die Problematik. Die Einheit der drei Dimensionen kann an vielen Texten und Zeugnissen aufgewiesen werden, exemplarisch vielleicht an jenen Psalmen, die zur Gattung der sogenannten individuellen Klagepsalmen gerechnet werden (beispielsweise Psalm 16; 22; 73; 88; 116). Die Elemente ihrer Klage sind wiederkehrend: die Krankheit und der physische Schmerz, in dem Menschen sich erdrückt oder ausgedörrt finden; die leiblichen und psychischen Auflösungserscheinungen, die oft mit Bildern wie »ausschütten, ausgießen« wiedergegeben werden; das Verlassensein von Freunden, Nachbarn und Vertrauten; das Im-Schmerz-Gefangensein, so daß man keine Zeit und keinen Ort mehr hat, Heil im Volk und mit dem Volk zu erfahren; das In-der-Sphäre-des-Todes-Sein, ihm ausgeliefert. Das Leiden, wie es in der Klage erscheint, bedroht alle Dimensionen des Lebens: das Zeithaben für die Erwartung der Verheißung, die freie Bewegung und Entfaltungsmöglichkeit, die lebendige Gemeinschaft mit anderen, Nahrung und Gesundheit und den Lebensraum als den Anteil am Land der Verheißung[5]. Zu diesem Leiden gehört die soziale Dimension — Isolierung, Verlassenheit, Ausgestoßenwerden — ebenso wie die physische.

Es ist die Struktur dieses Zusammenhangs, die uns berechtigt, den konkreten naturwissenschaftlich erhebbaren Befund »Schmerz« zu übersteigen und von »Leiden« zu sprechen; in diesem Wort ist einmal die Dauer und Tiefe eines Schmerzes ausgedrückt, sodann die Mehrdimensionalität als Verwurzelung des Leidens im physischen und sozialen Leib des Menschen.

Die Passion Jesu ist in diesem Sinne eine Leidensgeschichte: sie wird verfälscht, wo man ihr eine ihrer Dimensionen nimmt, wie es in verschiedenen Epochen der Kirchen- und Kunstgeschichte geschehen ist. Sie ist die Geschichte eines Menschen, dem sein Ziel zerschlagen wird; aber diese Verzweiflung an der eigenen Sache bliebe unvollständig — und unter dem Rang anderer menschlicher Leiden — ohne die physische und soziale Erfahrung, die sie wiedergibt. Ohne Schweiß, Blut und Tränen, ohne die Bedrohung durch und die Erfahrung der Folter blieben sie rein spirituell. Und es gehört zu dieser Erfahrung des Leidens der Zerfall der Bezugsgruppe: Jesus ist von seinen Freunden verleugnet, verraten und verlassen worden.

3. Bedingungslose Unterwerfung

In der christlichen Literatur zu dieser Frage sind die drei Dimensionen des Leidens, vor allem die soziale, mehr oder weniger unterschlagen. Religiöse Traktate zum Thema des Leidens[6] gehen von einigen gemeinsamen Grundgedanken aus.

»Leid kommt aus Gottes Hand. Zwischen Sünde und Krankheit besteht ein Zusammenhang, der viel zu wenig erkannt wird. Die tiefste, eigentlichste Wurzel der Krankheit ist die Sünde. Der Kranke verkennt diese wesentliche Krankheitsursache und führt sein Leiden auf ›äußere Umstände, auf natürliche Ursachen‹ zurück. Volle Gesundheit besteht erst im kommenden Reich. Krankheit ist eine großartige Gelegenheit, innerlich zu wachsen und zu reifen. Spüren Sie nicht gerade während Ihrer Krankheit, wie Gott mit Ihnen an der Arbeit ist? Die Leidensgnade ist wertvoller als die körperliche Heilung. Leid ist Erziehungsmittel der göttlichen heilsamen Liebe . . .«

Zusammenfassend lassen sich aus dem in der Untersuchung präsentierten Material zwei Tendenzen ablesen. Die eine ist die Rechtfertigung der göttlichen Macht durch menschliche Ohnmacht. Das Leid wird als menschliche Schwäche zur Demonstration göttlicher Stärke verwertet. Krankheit und Leiden werden für den religiösen

Zweck verwendet, Gott wird in das Leben der Menschen »an irgendeiner allerletzten heimlichen Stelle« hineingeschmuggelt[7].

Dem entspricht auf der Seite des Menschen die propagierte »Leidenswilligkeit«, die als generelle christliche Attitüde gefordert wird. Dem Menschen wird das einfachste Recht verweigert, nämlich sich zu wehren und zu sagen wie das Heideröslein bei Goethe: »Und ich will's nicht leiden.« Warum Gott das Leid schickt, wird nicht mehr gefragt — genug, daß er es ist, der das Leid verursacht. Damit werden alle anderen, vor allem die gesellschaftlichen Ursachen des Leidens zurückgedrängt und die konkreten Ursachen »irrationalisiert«.

Diese Irrationalisierung rational erkennbarer Gründe und Ursachen für Leiden findet sich nicht nur in der — theologisch wenig reflektierten und sprachlich hilflosen — Traktatliteratur. Nach dem »Kleinen Theologischen Wörterbuch« ist es dem Menschen im Leiden

»aufgetragen, die auf ihn eindrängende Situation ganz und restlos anzunehmen und integrierend verwandelnd aufzufangen und zu einem Moment seines eigenen Selbstvollzugs (leidend tätig und tätig leidend) zu transformieren (was das Gegenteil ist von passivem Widerfahrenlassen), so daß er sich in ihr für Gott entscheidet... In diesem Sinne erweist sich dann das Leiden als ›gottgewollt‹.«[8]

Der Akzent liegt hier zwar weniger auf dem typisch protestantischen Ohnmacht-Allmacht-Schema, weil die Arbeit des Menschen am Leiden so stark betont ist. Nicht Gottes Arbeit am Menschen, sondern die zu leistende Trauerarbeit wird mit Wörtern wie »annehmen, integrieren, verwandeln, auffangen, transformieren« benannt, Wörter, die von der Stärke des Menschen handeln. Gleichwohl taucht der Gedanke, das Leiden zu bekämpfen und seine Ursachen zu beseitigen, im Horizont dieses Denkens nicht auf. Der Beichtvater, der diese (progressive) Theologie gelernt hat, wird der Frau in unserem Fall zum hier Empfohlenen raten, zum Annehmen, zum Transformieren, er wird ihre Fähigkeit, »radikal auszuleiden und personal zu verwandeln«, zu stärken versuchen.

Oft aber geht diese rein personalistische Betrachtung an der Realität vorbei, weil sie die Mitbeteiligten übersieht; wie immer wir den Satz Christi, dem Übel nicht zu widerstehen (Matth. 5,39), auffassen, er ist nicht auf das Böse, das andere zerstört, bezogen; Jesus hat die, die andere leiden machen und die »Kleinen« verführen, äußerst scharf kritisiert; ihnen soll ein Mühlstein um den Hals gelegt werden (Matth. 18,6). Es ist nicht genug, das eigene Leiden »zu einem Moment des Selbstvollzugs zu transformieren«. Die geschilderte Ehe ist, für mindestens einen Partner, eine Hölle und für die Kinder, die in ihr aufwachsen, eine systematische Anleitung zur Lebensverachtung. Es gibt keinen Grund, eine solche Ehe, als von Gott gewollt, aufrechtzuerhalten — schon wegen der Angst, die in den Kindern entstanden ist und immer wieder reproduziert wird, bis sie ins Gegenteil, in Haß und Verachtung gegen den Vater umschlägt. Es gibt keine Rechtfertigung für solches vermeidbare Leiden, das Schuldlose trifft.

Fast alle christlichen Deutungen aber verleugnen die Unterscheidung von Leiden, die wir beenden können, und solchen, die wir nicht beenden können. Sie leugnen

auch — unter dem Aspekt der allgemeinen Sündhaftigkeit — die Unterscheidung zwischen den Menschen, die tätig in eine Schuldgeschichte, wie die Ehe, verstrickt sind, und denen, die schuldlos in sie hineingestoßen werden.
Insofern laufen die hier skizzierten christlichen Deutungen des Leidens auf eine Empfehlung des Masochismus hinaus. Das Leiden ist dazu da, daß unser Stolz gebrochen, unsere Ohnmacht erwiesen, unsere Abhängigkeit ausgenutzt wird; das Leid hat den Sinn, uns zu einem Gott zurückzuführen, der nun erst groß wird, da er uns klein gemacht hat. Da wird Leid als unabwendbar verstanden wie im Fall der Frau in der zerstörten Ehe und zu einem Schicksal verdinglicht, das zugleich die Veränderung durch das Leiden unmöglich macht. Da wird Leiden als eine Prüfung aufgefaßt, die Gott uns geschickt und die wir zu bestehen haben; da wird es als eine Strafe, die auf frühere Vergehen folgt in einem gänzlich unangemessenen Verhältnis, oder als eine Läuterung, aus der wir gereinigt hervorgehen sollen, angesehen. Die Sucht der Theologen, zu deuten und zu reden, wo Schweigen angemessen wäre, ist schwer erträglich. Arno Schmidt schildert diese Sucht mit unverkennbarem Ekel:

»Und eins der Kinder war fast völlig zerrissen von zwei Riesensplittern, Hals und Schultern, alles. Die Mutter hielt noch immer den Kopf und sah wie verwundert in die fette karminene Lache ... Der Pfarrer tröstete die weinende Frau; er meinte: ›Der Herr hat's gegeben; der Herr hat's genommen‹ — und, hol's der Teufel, der Feigling und Byzantiner setzte hinzu: ›Der Name des

Herrn sei gelobt!‹ ... Haben diese Leute denn nie daran gedacht, daß Gott der Schuldige sein könnte?«

Gott ist der »Leviathan, der seine Bosheit ... genießen will«[9] — Theologen dienen ihm als »Byzantiner«.
Es gibt eine Unzahl religiöser Versuche, das Leiden zu deuten. Die Problematik liegt dabei weniger in der existentiellen Sinndeutung, die Menschen ihren Schmerzen geben, als in der nachträglichen theologischen Systematisierung, die ohne Respekt ist vor dem Leiden, das noch keine Benennung und Einordnung erfahren hat. So wird zum Beispiel im Alten Testament zwischen dem »Straf-, Erziehungs-, Prüfungs- und dienendem Leiden« unterschieden[10]. Der sprachliche Befund, daß Jahve selber es ist, der verletzt, verwundet, gefährdet, krank gemacht hat, wird zu dem Satz systematisiert, daß aller Schmerz von Gott kommt. Im Spätjudentum wird dem Leiden eine sühnende Kraft zugeschrieben, mit deren Hilfe Menschen Vergebung für ihre Sünden erlangen können. Man unterscheidet zwischen kultischen Sühnemitteln wie Opfer, Tempelbesuch, Blut — und nichtkultischen wie Umkehr, Leiden und Tod. Die Sühnkraft der Leiden, worunter hauptsächlich Krankheit, Armut und Kinderlosigkeit genannt werden, wird höher als die der Opfer bewertet, weil sie nicht den Besitz und die Habe des Menschen betreffen, sondern unmittelbar ihn selber. Die Leiden verleihen dem Frommen die gewisse Hoffnung, daß seine Schuld dadurch gesühnt ist und er in der zukünftigen Welt nur Lohn für seine guten Taten empfängt. Die Gottlosen dagegen, die für ihre wenigen guten Taten hier schon belohnt werden, haben dann im Jenseits nur noch Strafe zu erwarten. Damit ist

das alte Vergeltungsdogma — auf Vergehen folgt Leiden — umgekehrt: aus Leiden folgt Sühne. Die Struktur eines berechenbaren Ausgleichs bleibt allerdings erhalten, ja sie wird verschärft[11].

Aber diese wie andere Einteilungen und Deutungen zerbrechen an den konkreten Erfahrungen. Der Schmerz trifft auch die Frommen — wie kann er dann Strafe sein? Der erzieherische Effekt des Leidens ist minimal, die Abwehrhaltung gegen den wirklichen oder vermeintlichen Urheber wird gerade im Alten Testament als Zorn, üble Laune geschildert; Flüche, Verwünschungen und Rachegebete sind eher Früchte des Leidens als Besserungen und Einsichten. Das Leiden bringt Menschen in das Gefühl der Hilflosigkeit und der Angst, ja großer Schmerz lähmt jede Widerstandskraft und führt nicht selten zur Verzweiflung. Es ist gerade das Alte Testament, das solche Ansätze theologischer Theoriebildung, die vom Gedanken des Leiden schickenden Gottes ausgeht, immer wieder korrigiert. »Denn nicht aus dem Staub geht Unheil auf, nicht sproßt aus der Erde das Leid. Vielmehr der Mensch erzeugt das Leid, wie Adler aufwärts fliegen« (Hiob 5,6 f.).

Aber solche nüchterne Erkenntnis ficht die theologischen Deutungsversuche wenig an. Nach Freud besteht die Technik, mit deren Hilfe die Religion Leidensschutz anbietet, darin, »den Wert des Lebens herabzudrücken und das Bild der realen Welt wahnhaft zu entstellen, was die Einschüchterung der Intelligenz zur Voraussetzung hat ... Wenn der Gläubige sich endlich genötigt findet, von Gottes ›unerforschlichem Ratschluß‹ zu reden, so gesteht er damit ein, daß ihm als letzte Trostmöglichkeit und Lustquelle im Leiden nur die bedingungslose

Unterwerfung übriggeblieben ist.«[12] Die Unterwerfung als Lustquelle — das ist der christliche Masochismus.

4. Der theologische Sadismus

Es ist nicht schwer, den christlichen Masochismus zu kritisieren. Die geringe Achtung der menschlichen Stärke, die Verehrung dessen, der nicht gut oder sinnvoll, sondern nur übermächtig ist, die ausschließliche Betrachtung des Leidens unter der Frage des Ertragens; die daraus folgende Desensibilisierung für das Leiden anderer — das alles sind Züge, die unsere Kritik herausfordern.
Gleichwohl ist dieser Masochismus der Frommen noch nicht das Schlimmste, weil er als eine existentielle Haltung gerade in Zeiten, da die Möglichkeiten, Leiden zu verringern, noch wenig entwickelt waren, eine Art Hilfe für Menschen darstellt. Die libidinösen Züge dieser Haltung sind zwar pervertiert, aber nicht zerstört.
Dies wird anders, sobald in einer Art Überkonsequenz des masochistischen Ansatzes die Theologen das Pendant eines sadistischen Gottes entwerfen. Die libidinösen und flexiblen Züge der leidenden Frommen werden nun sadistisch fixiert von den Theologien, die Gottes Zorn zu ihrem wesentlichen Motiv machen. Der leidenmachende und leidverursachende Gott wird zum verklärten Thema einer Theologie, die, zur eigenen Hingabe unfähig, den Blick richtet auf den das Unmögliche fordernden und den quälenden Gott. Es ist kaum zu bezweifeln, daß die Reformation die sadistischen Akzentuierungen in der Theologie verstärkt hat. Die existentielle Erfahrung, wie sie in der Mystik ausgebildet wor-

den war, daß Gott bei den Leidenden ist, wird durch eine theologische Systematik ersetzt, die auf das Jüngste Gericht bezogen ist. Es gibt nun keinen Grund mehr, »die Gottlosen um ihres gegenwärtigen Glücks willen zu beneiden, da dieses doch bald ein schreckliches Ende nehmen wird[13]. Der Blickpunkt ist nicht der leidende Mensch, es wird vielmehr vom Standort Gottes aus gesehen und — vor allem — geurteilt.

Auf die Frage, warum es den Gottlosen so gut gehe, kann Calvin die drastische Antwort geben: »Weil der Herr sie als Schweine mästet für den Schlachttag.«[14] Die Auferstehung zur Herrlichkeit hat für die Gottlosen den Sinn, sie zu verstören[15]. Dieser Haß gegen die zu bestrafenden Gottlosen wurzelt in einem tiefen Selbsthaß. Die gottesdienstlichen Gebete Calvins sind voll von Selbstdemütigungen, Erniedrigungen und Beleidigungen der Menschen. Wir sind »*arme Sünder, empfangen und geboren in Schuld und Verderbnis, geneigt, Böses zu tun, unbrauchbar zu allem Guten*«, wir übertreten »*deine heiligen Gebote durch unser Gebrechen ohne Ende und Aufhören*«. Wir sollen Gott bitten, »*uns die vielen Sünden und Verfehlungen nicht anzurechnen, die so über alle Maßen unwürdig sind, daß sie seinen Zorn über uns hervorgerufen haben*«[16]. Selbst die innigste Annäherung des Menschen an Gott, die das Gebet bedeutet, wird hier begrenzt, gedemütigt, zur Ordnung gerufen und als nichtig erklärt: Wir »*bekennen, wie es die Wahrheit ist, daß wir nicht würdig sind, die Augen zum Himmel zu erheben und vor dein Angesicht zu treten, und daß wir uns nicht so viel einbilden dürfen, als müßten unsere Gebete von dir erhört werden, wenn du darauf siehst, was in uns ist*«[16]. Eine katholische Liturgie

zum gleichen Thema der Unwürdigkeit lautet: »Herr, ich bin nicht würdig, daß Du eingehst unter mein Dach; aber sprich nur ein Wort, so wird meine Seele gesund.« Eben dieses »aber« der Stärkung, der Befreiung fehlt in den Calvinschen Texten.
Ähnlich wird die Fürbitte für andere aller wirklichen Leidenschaft und des Mitleidens beraubt und in die Unterwerfung hinein kanalisiert.

»Und obwohl wir nicht würdig sind, den Mund zu öffnen für uns selbst, und um dich in unserer Not zu bitten, nichtsdestoweniger, da es dir gefallen hat, uns die gegenseitige Fürbitte anzuempfehlen, so bitten wir dich für unsere armen Brüder und Glieder, die du heimsuchst mit deinen Ruten und Züchtigungen ... Tröste sie alle, wie sie es nach deiner Erkenntnis nötig haben. Laß sie von deinen Züchtigungen zu ihrer Besserung Gewinn haben ...«[17]

In den großen Zusammenhang der heiligen Majestät Gottes einerseits und der abgrundtiefen Verderbnis des Menschen andererseits gehört nun das Calvinsche Verständnis des Leidens, wie es »die Heilige Schrift uns zeigt, daß Seuchen, Kriege und andere Nöte Heimsuchungen Gottes sind, durch die er unsere Sünden bestraft«[18]. Jedes Leiden wird auf die Züchtigung Gottes zurückgeführt, *»die Völker, die du jetzt gezüchtigt hast, die Menschen, die von deinen Ruten geschlagen sind durch Krankheit, Gefängnis oder Armut«*[18], müssen gesündigt haben.
Die Logik dieses sadistischen Leidensverständnisses ist schwer widerlegbar. Sie besteht in drei Sätzen, die in allen sadistischen Theologien wiederkehren:

1. Gott ist der allmächtige Lenker der Welt, der alles Leid verhängt.
2. Gott handelt nicht grundlos, sondern gerecht.
3. Alles Leiden ist Strafe für die Sünde.

Aus der Gerechtigkeit des Allmächtigen folgt, daß er nur »mit Grund« quält, sogar dann, wenn seine Plagen in gar keinem Verhältnis mehr zum getanen Unrecht stehen (vgl. Zitat S. 17). Die beiden Voraussetzungen von Gottes Allmacht und Gerechtigkeit führen zu dem Schluß, daß alles Leiden Strafe für die Sünde sein muß. Von diesem System unterscheidet sich der christliche Masochismus zum Beispiel der Traktatliteratur darin, daß er Gott nicht nur als Gerechtigkeit, sondern auch als Liebe denkt. Die Voraussetzungen von Gottes Allmacht (Satz 1) und Gottes Liebe und Gerechtigkeit (Satz 2) führen ihn dann zu dem Schluß, daß alles Leiden Strafe, Prüfung oder Erziehung sei, ein Versuch Gottes, sich uns anzunähern und die Seelen für sich zu gewinnen.

Beide Formen der Leidenstheologie können kritisiert werden wegen ihres ersten Satzes, der die Allmacht eines himmlischen Leidverhängers statuiert. Vielleicht ist es leichter möglich, die Allmacht mit einer absolut und perfektionistisch verstandenen Gerechtigkeit, die per definitionem unerfüllbar sein muß, zusammenzudenken — mit der Liebe jedenfalls, die aber in der Traktatliteratur nur mildernd, nicht fundamental gedacht ist, läßt sich Allmacht nicht zusammenbringen. Das bleibende Recht des modernen Einwands gegen diesen Gott ist das Leiden, das Leiden der Unschuldigen, wobei man hinzufügen muß, daß, gemessen am Ausmaß menschlicher Leiden, alle »unschuldig« sind. Es gibt Schmerzen, die jede Form von Schuld unendlich übersteigen; es war für alle »zu viel«.

Jeder Versuch, Gott als einen »das Elend rechtfertigenden Gott« zu denken, Gott mit dem Elend zu versöhnen, ist mit Ulrich Hedinger radikal zu kritisieren[19]. Der christliche Theismus hat den »Gott der Transzendenz« und den »Gott der Pädagogik« angebetet, sein »Gott ist vom Elend getrennt und sanktioniert es«[19]. Die Mystiker haben versucht, diese Trennung Gottes vom Leiden wegzudenken und den leidenden Gott zu proklamieren. Das war im Rahmen einer Welt, die vom Mangel beherrscht, durch Gewalt unterdrückt, dem natürlichen Leiden fast vollständig ausgeliefert war, das Beste, was möglich war. Aber »Leiden als Leiden, gegen das Klage erhoben, Unrecht als Unrecht, gegen das gekämpft wird, gibt es eigentlich nicht«[20]. Darum läßt sich diese Position nicht einfach wiederholen.

Weit härter trifft allerdings die Kritik an einem Gott der Transzendenz und der Pädagogik die theologischsadistische Position nicht nur in ihrer Calvinschen Zuspitzung. Ihr Gott tritt zum leidenden Menschen ausschließlich in einen pädagogischen Bezug, »wobei mehr die Therapie oder mehr die Züchtigung, mehr die Läuterung oder mehr die Strafe hervortreten kann«. Die geschichtlich wirksame Tendenz dieses christlichen Theismus ist gekennzeichnet durch »Härte gegenüber menschlichem Elend« und damit »Verachtung des Menschen«. »Es gibt nur die Sünde, nur das Unrecht vor Gott.« Brutalität und Heil verschwistern sich, Leiden wird zum Erlernen des Gehorsams, und die »Allianz zwischen repressivem Theismus und repressiver Gesellschaft« ist perfekt.

Es ist ein Gott, dessen Allmacht und Einzigkeit vorausgesetzt wird, damit er »von der Verantwortung für Leid und Not entlastet wird; eine entsprechende Belastung trifft dann einzelne Menschen oder die gesamte Menschheit«[20].

Jeder Versuch, das Leiden als unmittelbar oder mittelbar von Gott verursacht anzusehen, steht in der Gefahr, sadistisch über Gott zu denken. Es scheint mir darum auch problematisch, zu fragen, »woran der mit dem gefangenen, verfolgten und ermordeten Israel leidende Gott litt«, oder ob Christus »nur an menschlichem Unrecht und menschlicher Bosheit« gelitten habe[21]. Jürgen Moltmann hat den Versuch wiederholt, zu zeigen, daß Jesus »an Gott« leidet, daß Gott — jedenfalls in einer Person — leiden macht und kreuzigt. Moltmann hat einerseits den »gekreuzigten Gott«, den »leidenden, armen, schutzlosen Christus« herausgearbeitet und in der Kritik am antiken Ideal des apathischen Gottes den »Gott der Armen, der Bauern und der Sklaven« als den, der »in uns« leidet, »wo die Liebe leidet«, bestimmt. Aber diese Intention, dieses Pathos des Leidens wird abgeschwächt und beschwichtigt durch das theologische System, in das es vermittelt wird. Gott wird nicht nur und nicht zentral als der liebende und leidende Christus verstanden, sondern er soll zugleich auch die Position des herrschenden allmächtigen Vaters behalten. Moltmann versucht, eine »theologia crucis« zu entwickeln vom Verursacher, vom Leidmacher aus, entsprechend ein Verständnis des Leidens als innertrinitarischen Prozeß, bei dem zwar »einer aus der Trinität« gelitten hat, der andere aber eben dies verursachte.

Ein Beispiel dieserart Theologie ist lehrreich.

Am Kreuz »ist das geschehen, was Abraham an Isaak nicht zu tun brauchte (vgl. Röm. 8,32): Christus wurde vom Vater in voller Absicht dem Schicksal des Todes überlassen; Gott hat ihn hinausgestoßen unter die Mächte des Verderbens, ob diese nun Mensch oder Tod heißen. Um den Gedanken in höchster Schärfe zum Ausdruck zu bringen, könnte man mit den Worten der altkirchlichen Dogmatik sagen: die erste Person der Trinität verstößt und vernichtet die zweite ... Hier kommt theologia crucis zur Sprache, wie sie radikaler nicht sein kann.«[22]

Der Autor ist fasziniert von der Brutalität seines Gottes. Die Abrahamsgeschichte hat diese Höhe der Brutalität noch nicht erreicht; erst der Vater Jesu Christi handelt bewußt, »in voller Absicht« vernichtend. Daß »Mensch und Tod« dabei großzügig auf einen Nenner gebracht werden, ist nur konsequente Mythifizierung. Gottes Tätigkeiten werden mit Wörtern wie »überlassen, hinausstoßen, verstoßen, vernichten« benannt.
Solche Aussagen, für die man Dutzende anderer Beispiele finden könnte, gelten in der Theologie immer noch als normal. Man muß sie zusammenhalten mit der Rede Himmlers vor den SS-Führern.

»Von euch werden die meisten wissen, was es heißt, wenn 100 Leichen beisammen liegen, wenn 500 da liegen oder wenn 1000 da liegen. Dies durchgehalten zu haben und dabei — abgesehen von Ausnahmen menschlicher Schwächen — anständig geblieben zu sein, das hat uns hart gemacht. Dies ist ein niemals geschriebenes und niemals zu schreibendes Ruhmesblatt unserer Geschichte ...«[23]

Nicht, als ob der theologische Sadismus Verhaltensanleitungen enthielte. Wohl aber übt er Menschen ein in Denkschemata, die sadistisches Verhalten für normal halten und in denen angebetet, verehrt und geliebt ein Wesen wird, dessen »Radikalität«, »volle Absicht« und »höchste Schärfe« eben das Vernichten ist. Die äußerste Konsequenz des theologischen Sadismus ist die Anbetung des Henkers.

5. Isaaks Opferung

Was das bedeutet, kann man sich klarmachen an den möglichen Auslegungen der Geschichte von Isaaks Opferung durch Abraham (1. Mose 22)[24]. Die erste mögliche Deutung geht von Gott aus. Gott ist der schlechthin Überlegene, der Absolute. Er erscheint, ohne Gestalt anzunehmen, im Anruf. Anruf und Befehl sind seine Äußerungsformen. Die Frage, ob es auch Gott sei, der solches befiehlt, und nicht der Teufel, taucht nicht auf. Gott ist der Herr, der niemandem Rechenschaft schuldig ist. Er hat den einzigen Sohn gegeben und hat das Recht, ihn wieder zu fordern. Die Absurdität der Forderung verweist im Rahmen dieser Deutung gerade auf ihre Göttlichkeit.
Überträgt man diese Deutung auf die Geschichte Jesu — eine Übertragung, die die Bibel nicht vollzieht, die aber schon früh durch die allegorische Auslegung des Alten Testaments vollzogen wurde —, so legt sich auch hier das Gewicht der Aussage auf den Vater, der den geliebten einzigen Sohn opfert. Die Notwendigkeit, die ihn dazu bringt, wird ebensowenig bzw. ebenso hilflos

reflektiert wie die Notwendigkeit jenes ersten Befehls an Abraham. Da das Opfer hier aber blutig vollzogen und nicht in letzter Minute durch eben den Gott, der es verlangte, verhindert wird, tritt die Vernichtungstendenz dieses Gottes nun unmittelbar hervor.
Diese Deutung der Geschichte enthält ein sadistisches Verständnis von Gott; eine Leidenstheologie, aus ihr entwickelt, wird die Anbetung des Henkers verlangen.
Eine zweite Deutungsmöglichkeit bleibt zwar im selben Schema von Befehl und Gehorsam, von Herr und Knecht, betont aber weniger die Absurdität Gottes als die Größe Abrahams. Er erscheint nun als das Urbild aller religiösen Existenz, der Vater des Glaubens, der absolut Gehorsame. Um sich klarzumachen, was das bedeutet, sei an eine aus der Nazizeit überlieferte Geschichte eines Physikers erinnert, dessen Sohn im Widerstand arbeitete und verhaftet wurde. Die Nazis boten dem Vater die Freilassung des Sohnes an, wenn er zugleich eine Ergebenheitsadresse an das Regime veröffentlichte. Der Vater verhielt sich wie Abraham[25].
Sören Kierkegaard hat in der Abrahamsgeschichte die »teleologische Suspension des Ethischen« entdeckt[26]. Es gibt Lagen, in denen die ethische Orientierung versagt und in denen Menschen eine religiös begründete Suspension des Ethischen vollziehen, die — anders als das Ethische — nicht zum allgemeinen Maßstab des Handelns gemacht werden kann. Edith Stein ist mit anderen Juden in die Gaskammer gegangen, obwohl sie die Möglichkeit der Rettung hatte und ihr Tod niemandem nützte. Ähnlich kann man das Handeln der Geschwister Scholl beurteilen, das in seiner reinen Blindheit mit ethischen — was immer auch heißt: zukunftsbezogenen —

Maßstäben nicht gerecht beurteilt wird. Die Selbstverbrennungen buddhistischer Mönche in Vietnam, soweit sie uns zugänglich sind, oder die Jan Palachs in Prag 1968 können ebenso verstanden werden; sie vollziehen das Opfer Abrahams, aber am eigenen Leibe. Gerade diese Beispiele machen aber deutlich, daß es unmöglich ist, Abraham in einem rein absurden Sinn zu verstehen. Die Begründung im absurden Willen Gottes reicht nicht aus. Es gibt zwar Situationen, in denen die Wahrheit des Willens Gottes nicht verständlich und verbindlich gemacht werden kann; aber auch in ihnen darf unsere Beziehung zu Gott nicht als eine autoritär gefesselte angesehen werden. Gott ist nicht der, der solche Opfer will oder befiehlt — selbst dann, wenn wir zugestehen, daß in bestimmten Situationen solche Opfer die Wahrheit Gottes jenseits des Ethischen rein darstellen. Diese Deutung der Geschichte enthält ein masochistisches Verständnis des Menschen, richtiger vielleicht ein Verständnis seiner Hingabe, die bis zur Selbstpreisgabe gehen kann. Eine Leidenstheorie, aus ihr entwickelt, wird in allem Leiden das bewußt vollzogene Opfer suchen.

Aber es gibt noch eine dritte Möglichkeit, die Geschichte zu verstehen, nämlich vom Erzähler aus. Der Erzähler versucht ja, die archaische Gottesvorstellung, in der Gott Menschenopfer gefallen, zu überwinden. Gott ist nicht der, der Absurdes befiehlt, auch wenn es so scheint. Der Mensch wird nicht zur Suspension des Ethischen gezwungen. Die Geschichte erinnert an Vergangenes — aber um es aufzuheben. Das Verhältnis von Gott zu Mensch ist als Absurdität des Befehls und als Unterwerfung des totalen Gehorsams falsch gedacht. In diesem Zusammenhang ist der erste Satz des Erzählers von besonderer Bedeutung: »Nach diesen Begebenheiten wollte Gott den Abraham prüfen.« Damit wird ein Einverständnis hergestellt zwischen dem Erzähler und dem Hörer der Geschichte; wir wissen mehr als Abraham wissen konnte.

In der antiken Mythologie gibt es eine parallele Geschichte von der Opferung eines Kindes durch den Vater. Agamemnon opfert in Aulis seine Tochter Iphigenie, um Artemis gnädig zu stimmen, daß sie der griechischen Flotte, die gegen Troja auslaufen will, Wind schickt. Es ist für Agamemnon ein tragischer Konflikt: was immer er tut, er wird schuldig. Um den Bundesgenossen die Treue zu halten, muß er das geliebte Kind schlachten. Aber indem er sich für die Staats- und gegen die Familienräson entscheidet, zieht er sich den unversöhnlichen Haß seiner Frau Klytaimnestra zu; er wird nach seiner Heimkehr aus Troja die Tötung Iphigenies mit dem Leben bezahlen müssen.

Abrahams Geschichte ist nicht tragisch. »Nun weiß ich, daß du Gott fürchtest«, sagt ihm der Engel. Es gab nicht die Entscheidung zwischen zwei Werten oder, antik gesprochen, zwischen zwei Göttern, sondern nur die zwischen Gottesfurcht und Ungehorsam. Die Prüfung bestand in der Frage, ob Abraham Gott über alle Dinge fürchte und liebe. Indem sie bestanden ist, verliert auch ihr Material, das Kindesopfer, sein Interesse. Die Geschichte ist mit dem weiteren Leben Abrahams nicht verknüpft, sie hat keine Folgen. Auf die Absurdität des Befehls braucht jetzt, anders als in der sadistischen Deutung, nicht mehr reflektiert zu werden. Aber auch der Masochismus des Gehorsams wandelt sich zu einem dienenden Moment, das dem erneuerten und bekräftigten

Segen unterstellt wird. Tieropfer lösen Menschenopfer ab, so wie später Weihrauch und Widder durch »mein Gebet und Lieder« (P. Gerhardt) abgelöst werden. Eine heitere Variante des Prozesses der Aufklärung, der in der Geschichte angelegt ist, findet sich auf einem Gemälde aus dem Jahre 1710, das in der Jesuiten-Apotheke zu Trier hängt. Isaak ist auf den Altar gebunden, Abraham kniet wenige Schritte vor ihm, die Flinte in der Hand und zielt. Ein Engelchen aber pinkelt im hohen Bogen auf die Zündung: »Abraham, du druckst umsunst / Ein Engel dir aufs Zündloch brunst.«

Unter diesem Aspekt der aufklärenden Tendenz der Geschichte ist nun der theologische Versuch, das Modell christologisch zu restaurieren, zu beurteilen. Der humane Fortschritt, den die Geschichte aus Genesis 22 darstellt, wird in der »radikalen Kreuzestheologie« negiert, die Tendenz der Geschichte umgekehrt. Die Abrahamsgeschichte wird einer solchen Theologie zur Vorstufe, die die »volle Härte« noch nicht erreicht hat. Erst auf Golgatha erfüllt sich Morija, erst jetzt schlägt Gott richtig zu. Die vergleichsweise schwächliche Ausdrucksweise des Paulus, daß Gott seinen Sohn nicht verschonte, sondern dahingab, wird jetzt systematisch auf den Begriff gebracht: den des Vernichtens.

Wer will so einen Gott? Wer profitiert von ihm? Wie müssen Menschen beschaffen sein, deren höchstes Wesen seine Ehre darin sieht, Vergeltung zu üben im Verhältnis eins zu hundert? Warum soll in solcher Theologie Jesus »an Gott« leiden? Sind denn die Leute in Auschwitz an Gott gestorben — und nicht am Zyklon Beta, das die IG-Farben preiswert herstellte? War Er auf der Seite der Henker — oder nicht doch auf der

Seite der Sterbenden? Das menschliche Leiden, konkret wahrgenommen, zerstört alle Unschuld, alle Neutralität, alles »ich war es nicht, ich konnte nichts dafür, ich habe es nicht gewußt«. Es gibt angesichts des Leidens keinen dritten Ort, jenseits der Opfer und der Henker. Darum ist jede Deutung des Leidens, die von den Opfern wegschaut und sich identifiziert mit einer Gerechtigkeit, die hinter dem Leiden stehen soll, schon ein Schritt auf den theologischen Sadismus zu, der Gott als den Quäler begreifen will.

II
Zur Kritik der nachchristlichen Apathie

»Das eigentliche Exil Israels in Ägypten war, daß sie es ertragen gelernt hatten.«

RABBI CHANOCH

1. »Wenigstens Tierschutz für Häftlinge«

Dom Helder Câmara, Erzbischof von Olinda und Recife im Nordosten Brasiliens, ließ am 11. Mai 1972 den folgenden Hirtenbrief von den Kanzeln seines Erzbistums verlesen:

»In unserer Stadt geschehen immer häufiger Entführungen, Verhaftungen und Verschleppungen, vor allem von Studenten und Arbeitern. Hier liegt das erste Motiv für unsere Anzeige und unsere Intervention als Oberhirten: Nicht einmal das Gesetz der Nationalen Sicherheit noch die Dekrete aus der Zeit des Institutionellen Aktes Nr. 5 werden respektiert. Nur selten geschieht es, daß sich die Verantwortlichen für die Verhaftungen rechtmäßig ausweisen, und in keinem Fall liegt ein Haftbefehl vor, der ordentlich datiert und unter Angabe von Gründen und Bezeichnung der zuständigen Behörde unterschrieben worden wäre. Entweder geschehen die Verhaftungen in den Wohnungen oder, wie in den Fällen der Arbeiter und Arbeiterinnen, direkt am Arbeitsplatz, wobei man den Eindruck hinterläßt, bei den Verhafteten handle es sich um gefährliche Terroristen und Agitatoren. Die Handlungsweise an sich zeichnet sich bereits durch unnötige und extreme Gewaltanwendung aus, und bei den Verhaftungen in Privatwohnungen wissen wir von Fällen gewaltsamer Wohnungsöffnung.
Man mag sich die Panik vorstellen, in der die Familien verbleiben, ohne den geringsten Hinweis auf den Ort zu erhalten, an den ihre geliebten Familienangehörigen verschleppt werden. Warum diese Mißachtung von Vorschriften, die doch von der Regierung selbst ausgingen? Warum macht man zum Beispiel keine Mitteilung an

die zuständige Militärbehörde unter Berücksichtigung des vorgeschriebenen Zeitraumes? Warum benachrichtigt man nicht zumindest die betroffenen Familien oder andere Verantwortliche, um zum Beispiel zu gestatten, daß Wäsche zugeschickt werden darf, wenn man schon die Verfolgten in dem Zustand entführt, in dem sie sich gerade befinden, und ihnen nicht das Recht zugesteht, irgend etwas mit sich zu führen?

Als Hirten, die ihre Verantwortung vor Gott, vor sich selbst und vor denen auf sich nehmen, die auf uns vertrauen, behaupten wir, daß in der Regel unglaubliche physische und moralische Folterungen angewandt werden.

Aufs neue registrieren wir den Grund für das Mißtrauen und die Maßnahmen gegenüber der Kirche, der auf die Tatsache zurückzuführen ist, daß wir nicht weiterhin im Namen der sogenannten gesellschaftlichen Ordnung mit Strukturen der Unterdrückung paktieren können, die Kinder Gottes in eine unmenschliche Situation bringen.

Wie lange noch wird der Anti-Kommunismus als Vorwand für die Aufrechterhaltung von Ungerechtigkeiten herhalten müssen, die zum Himmel schreien? Wie lange noch wird es unter dem Vorwand der Terroristenbekämpfung im Namen von Polizei- und Militärbehörden angewandten Terrorismus geben?

Abgesehen davon, daß sie die elementarsten Menschenrechte verletzt, möchte einen diese Handlungsweise bitten lassen — so wie es damals zu Zeiten von Valras der bewundernswerte Rechtsanwalt Heráclito Sobral Pinto tat —, den Opfern möchten wenigstens die Gesetze des Tierschutzes zukommen.

Wir schreiben diesen Brief mit Absicht am Tag des ersten Mai. Es geht nicht nur darum, daß der Großteil der Verfolgten sich aus Arbeitern rekrutiert und daß sich die Kirche in zunehmendem Maße um die arbeitenden Menschen sorgt, sondern wir wollen vielmehr auch unsere Besorgnis als Hirten zum Ausdruck bringen, wenn wir darauf hinweisen, daß das in unserem Land angewandte Entwicklungsmodell teuer von den Kleinen, den Demütigen und den Stimmlosen bezahlt wird. Sobald diese den legitimen Protest anwenden, werden sie wie Kommunisten und Subversive behandelt, was wieder in Propaganda gegen Subversion und Kommunismus ausartet.«[1]

Die politische Lage, in die dieser Text wirken soll, ist gekennzeichnet einmal durch die wachsende Verschlechterung der sozialen Situation der Masse der Brasilianer; auf ihrem Rücken werden alle wirtschaftlichen und strukturellen Maßnahmen, die zur »Entwicklung der Unterentwicklung« führen, ausgetragen. Das ausländische Kapital und eine winzige Oberschicht profitieren von den Reformen, die versucht werden. Zum zweiten nehmen die willkürlichen Verhaftungen und die Folterungen von politischen Häftlingen ständig zu. Verschlechterung der Lage und Verschärfung der Unterdrückung gehen Hand in Hand. Im Frühjahr 1972 ist es Helder Câmara gelungen, die Bischöfe der Südregion in einer scharfen öffentlichen Anklage gegen das Regime in Brasilia zu einigen, einer Resolution, die sich im wesentlichen mit diesem Hirtenbrief deckt. Daß Câmara im März 1973 nicht, wie allgemein erwartet, zum Kardinal ernannt wurde, darf als Folge seines Verhaltens verstanden werden². Das Leiden der »Kleinen, Demütigen und Stimmlosen« wird hier nicht masochistisch als Prüfung oder sadistisch als Strafe gedeutet. Es wird auch nicht mit der Geduld, die Tugend so vieler Kirchenführer ist, verschwiegen oder mit Hilfe der allerallgemeinsten Formulierungen in eine wohltönende Liturgie verwandelt. Das Leiden wird ausgesprochen, es wird zur Anklage. Die Sprache dieses Textes enthält Wörter wie »Anzeige, Intervention, behaupten, registrieren, legitimer Protest«. Der Zustand der Deutung, der Interpretation des Leidens ist überwunden. Die Ursachen des Leidens werden benannt: die »sogenannte« gesellschaftliche Ordnung, die Strukturen der Unterdrückung, der Antikommunismus als Vorwand des Terrorismus.

Der Gott der Transzendenz und der Gott der Pädagogik, die beide das Elend rechtfertigen, haben hier nichts mehr zu suchen. Gott ist auf der Seite der Unterdrückten, der Arbeiter, der »Kleinen«.

Aber wer außer ihm? Ich spreche nicht von der Reaktion, die eine solche Resolution in Lateinamerika hat, wohl aber von den Antworten, die solche und ähnliche Texte aus der Dritten Welt bei uns finden. Sie sind minimal. Die Abstumpfung gegen das Leiden anderer steht in unmittelbarer Beziehung zu der Erfahrung, daß es keine Veränderung gibt, wie sie die Menschen der »ersten« Welt machen.

Das Sichabfinden mit Ausbeutung, Unterdrückung und Ungerechtigkeit weist hin auf den gesamtgesellschaftlichen Zustand der Apathie, der leidensunfähigen Teilnahmslosigkeit.

2. Die Apathie der Gesellschaft

A-pathie ist wörtlich das Nicht-Leiden, die Leidenslosigkeit, die Unfähigkeit eines Wesens zu leiden. Laut Lexikon orientiert sich der Begriff an bestimmten Krankheitssymptomen und wird mit »Teilnahmslosigkeit« wiedergegeben. Apathie kann sich, medizinisch gesehen, »als Folge starker psychischer oder physischer Erschöpfung einstellen« (Brockhaus). Im hier gemeinten weiteren Sinn des Wortes ist Apathie eine Form der Leidensunfähigkeit. Sie wird verstanden als ein gesellschaftlicher Zustand, in dem die Vermeidung von Leiden die Menschen als Ziel so beherrscht, daß die Vermeidung von Beziehung und Berührung überhaupt zum Ziel wird. Indem die Leiderfahrungen, die »pathai« des Lebens zurückgedrängt werden, schwinden auch das Pathos des Lebens und die Stärke und Intensität seiner Freuden. Ohne Frage ist dieses Leitbild vom Mittelklassenbewußtsein geprägt. Aber dieses Bewußtsein reicht weit in das industrielle Proletariat hinein. Die Sprache älterer Arbeiter kann physisches und soziales Leiden noch eindeutig benennen; für die jüngere Generation wird es schwieriger, das Leiden zu formulieren, weil die Apathie mit der Angleichung an bürgerliche Zielvorstellungen gewachsen ist. Das bedeutet nicht, daß apathische Menschen in den Industrienationen nicht litten — oder gar glücklich wären. Was ihnen fehlt, ist das Bemerken des eigenen Leidens und die Sensibilität für das Leiden anderer. Sie erfahren Leid, aber sie »sind's zufrieden«, es berührt sie nicht. Sie haben keine Sprache und keine Gesten, sich mit dem Leiden auseinanderzusetzen. Es ändert nichts. Sie lernen nichts daraus.

Die Stücke von Franz Xaver Kroetz behandeln Konflikte und Leidenssituationen in der Unterschicht, meist des ländlichen Proletariats. Diese Konflikte können noch so extrem sein, das Leiden noch so himmelschreiend — die Betroffenen stehen ihm wie distanziert, sprach- und hilflos zugleich gegenüber. Es gibt keinerlei Verständnis über das, was geschieht, keine Kommunikation, keinerlei Veränderung. Kroetz' literarische Technik — der langen stummen Szenen, des minimalen Dialogs, des Verzichts auf jede deutende Aussage — macht klar, daß auch für die nächste Generation keine Hoffnung besteht. Die Zerstörten haben kein Bewußtsein erlangt, das sie weitergeben könnten.
»Das ausgeprägteste Verhalten meiner Figuren liegt im Schweigen; denn ihre Sprache funktioniert nicht. Sie haben keinen guten Willen. Ihre Probleme liegen so weit zurück und sind so weit fortgeschritten, daß sie nicht mehr in der Lage sind, sie wörtlich auszudrücken.«[3] Sie bleiben in der Apathie.
Selbst Äußerungen des physischen Schmerzes werden zurückgedrängt. Physischer Schmerz ist ja ein Zeichen der Lebendigkeit und der Weigerung, Verluste oder Funktionsunfähigkeit einfach hinzunehmen. Sich Schmerzlosigkeit zu wünschen bedeutet, sich den Tod zu wünschen. In diesem Sinn kann man die Apathie der Gesellschaft als einen Teil ihrer nekrophilen Orientierung im Sinne Erich Fromms verstehen. Nekrophilie ist die Liebe zum Toten, Erstarrten, Regungslosen, »der Wunsch, das Organische durch ›Ordnung‹ ins Anorganische zu verwandeln«[4]. Das Anorganische ist a-pathisch. Die Verwandlung eines Menschen in eine Nummer in einer Fabrik oder in einer Verwaltungsbürokratie stellt eine

apathische Struktur her, innerhalb derer jede Form von Leiden vermieden ist.

Es ist zu fragen, was aus einer Gesellschaft wird, in der bestimmte Formen von Leiden kostenlos vermieden werden, wie es dem Ideal der Mittelklassen entspricht, in der die als unerträglich erkannte Ehe rasch und glatt gelöst wird, in der nach der Ehescheidung keine Narben bleiben, in der die Beziehungen der Generationen möglichst rasch, konfliktfrei und spurenlos abgelöst werden, in der die Trauerzeiten vernünftig kurz sind, in der die Behinderten und Kranken schnell aus dem Hause und die Toten schnell aus dem Gedächtnis kommen. Wenn sich die Auswechslung von Partnern nach dem Modell Verkauf des alten und Ankauf eines neuen Autos vollzieht, dann bleiben die Erfahrungen, die in der mißglückten Beziehung gemacht wurden, unproduktiv. Aus Leiden wird nichts gelernt und ist nichts zu lernen.

Solche Blindheit ist möglich in einer Gesellschaft, in der ein banaler Optimismus herrscht, in der es selbstverständlich ist, daß man nicht leidet. Daß das Leiden der Arbeiter nicht öffentlich ist, daß die Probleme der Arbeitswelt kulturell nicht den Platz einnehmen, den sie statistisch haben müßten, gehört zu dieser selbstverständlichen gesellschaftlichen Apathie. Da entwickelt sich eine Wahrnehmungsunfähigkeit für das Leiden, sowohl für das eigene durch die Abstumpfung wie erst recht für das der andern. Die Apathie der Dritten Welt gegenüber ist nicht nur auf die Manipulationen der Massenmedien, die an die bestehende Angst vor dem Kommunismus und das latente Einverständnis mit der Ausbeutung dieser »faulen« Länder anknüpfen können, zurückzuführen; sie ist ein Teil der bürgerlichen Apathie

überhaupt, die auch die eigenen Schmerzen nicht wahrnimmt.
Wie Farbenblinde stehen die Menschen dem Leiden gegenüber — wahrnehmungsunfähig und ohne alle Sensibilität. Die Folge dieses leidenslosen Wohlbefindens ist eine Erstarrung des Lebens. Nichts ist mehr bedroht, nichts wächst mehr mit den eigentümlichen Schmerzen, die jedes Wachstum bedeutet, nichts verändert sich. Die schmerzfreie Erfüllung vieler Bedürfnisse garantiert den ruhigen, erreichten Stillstand. Langeweile breitet sich aus, wenn erfüllte Hoffnung nicht mehr zu neuer, größerer Hoffnung treibt. Der schwedische Sozialismus, ein Gesellschaftssystem pragmatischer Art, ohne größere vorwärtsstreibende Utopie, stellt einen Zustand der eingeplanten Leidenslosigkeit dar, der jedoch die höchsten Selbstmordquoten der Welt produziert.
Im Gleichmaß des leidlosen Zustands flacht sich die Lebenskurve vollständig ab, so daß auch Freude und Glück nicht mehr intensiv gelebt werden können. Aber wichtiger als diese Folge der Apathie ist die Desensibilisierung, die ein leidensloser Zustand bedeutet, die Unfähigkeit, die Wirklichkeit wahrzunehmen. Ein leidensloser Zustand — das ist nichts anderes als die Blindheit, die das Leiden nicht wahrnimmt, das ist die nicht mehr bemerkte Abstumpfung gegen das Leiden, da werden der Mensch und seine Umstände aufs neue zur Natur gemacht, die auch auf der technisierten Stufe nichts anderes bedeutet als die blinde Anbetung dessen, was ist, ohne Eingriffe, ohne Maßnahme, ohne Arbeit.
Da werden zwischen dem erfahrenen Subjekt und der Wirklichkeit Mauern aufgerichtet, man erfährt vom Leiden anderer nur indirekt, man sieht verhungernde Kin-

der auf dem Bildschirm, und diese Art der Beziehung zum Leiden anderer ist charakteristisch für unsere ganze Wahrnehmung. Auch das Leiden und Sterben der Freunde und Verwandten wird selten sinnlich und unmittelbar erfahren, wir hören das Röcheln und Stöhnen nicht mehr, Wärme und Kälte des kranken Körpers berühren wir nicht mehr. Der Mensch, der solche Art von Leidfreiheit sucht, begibt sich in Quarantäne, an einen keimfreien Ort, wo Schmutz und Bakterien ihn nicht berühren, wo er mit sich allein ist, selbst dann, wenn dieses »mit sich« die kleine Familie einschließt. Leidfrei bleiben wollen, der Rückfall in Apathie kann eine Art Berührungsangst sein, man will nicht angerührt, angesteckt, befleckt, hineingezogen werden, man hält sich soweit wie eben möglich heraus, kümmert sich um seine Angelegenheiten, privatisiert sich bis zum Stumpfsinn.

Ohne Frage gibt es handfeste soziologische Ursachen für wachsende Apathie. Da ist zunächst die Aufhebung des Mangels an den unmittelbar lebenswichtigen Gütern zu nennen. Hunger und Kälte als elementare Formen des Mangels sind in den Industrienationen vergangen, die Bedürfnisse sind abgesättigt. Dieser private Wohlstand verschleiert die strukturelle öffentliche Armut und hilft so, das Leiden der Menschen zu verdecken. Die Apathie wächst am Bewußtsein der Sättigung.

Andere Ursachen für schon vermiedenes oder vermeidbar gewordenes Leiden sind wachsende Aufklärung und Bildung. Auch die größere Mobilität und stärkere Ablösung von den primären Beziehungen ändert das Verhältnis zum Leiden. Wir können annehmen, daß die Schmerzen und Probleme, die eine Ehescheidung aufwirft, in Zukunft geringer sein werden und daß, ähnlich wie bei den physischen Schmerzen, auch die seelischen und sozialen Schmerzen zurückgedrängt werden, nicht allein durch Tabletten oder andere Mittel, die betäuben und vergessen machen, sondern auch deswegen, weil die objektiven Anlässe, seelischen Schmerz zu empfinden, verringert sind. Wie physische Leiden erspart werden, so auch soziale. Der Verlust eines Partners trifft jemanden anders in einer Gesellschaft, die ständig neue Möglichkeiten der Kontakte bereithält. Die größere Mobilität im Örtlichen und im Sozialen spielt eine wichtige Rolle. Menschen gewöhnen sich durch mehrere Umzüge und durch Berufswechsel an das Abschiednehmen. Immer weniger Bindungen können als lebenslang angesehen werden, die Auflösung von Bindungen ruft daher nicht den gleichen Schmerz hervor wie in früheren Zeiten. Die Kontaktmöglichkeiten haben sich vergrößert, der Wechsel der Bezugspersonen ist leichter geworden. Wir sind weniger empfindlich gegen den Verlust eines Freundes oder Partners, und der Wechsel bringt eine gewisse Abstumpfung gegen den Schmerz, den solche Verluste bedeuten, mit sich. Mit der geringeren Schmerzfähigkeit aber verlieren menschliche Beziehungen die ihnen in früheren Kulturen eigentümliche Tiefe. Eine neue Tiefe könnte erst dort entstehen, wo auch die sekundären und vermittelten Beziehungen, zum Beispiel zu den Vorgängen in der Dritten Welt, kultiviert würden und neue Sensibilität hervorriefen.

3. Der apathische Gott der Christen

Die Kritik einer nachchristlichen Apathie wäre unvollständig, wenn sie nicht die lange Vorbereitung durch christlich eingeübte und theologisch begründete Apathie einbezöge. Der gängige Vorwurf gegen das Christentum richtet sich zwar meist auf seinen Masochismus, seine Verklärung des unaufhebbaren Leidens. Aber es könnte sein, daß der Vorwurf der Apathie, also eines »schmerzfremden Christentums«, für die Gegenwart viel zutreffender wäre. »Die große Schwäche, Reizbarkeit, Empfindlichkeit eines gewissen heutigen Christentums kommt gerade davon her: wer des Schmerzes nicht mächtig ist, ist ohnmächtig. Und wer des Schmerzes nicht teilhaftig ist, begibt sich der stärksten Waffe, die der Mensch in dieser Welt besitzt ... Unsere Zeit ist eine Zeit neuer Schmerzen, differenzierter, verborgener, unbekannter Schmerzen. Riesengroß blühen sie in den Feldern der neuentdeckten Wirklichkeit. Dennoch sehen wir sie nicht, wagen wir nicht, sie zu sehen, verdrängen wir sie aus unserem Bewußtsein.«[5] Diese Verdrängung der Schmerzen hat eine lange Tradition seit der frühchristlichen Auseinandersetzung um die Frage: »Kann Gott leiden?«[6] Die Darstellung des leidenden Christus, wie sie die Evangelien überliefern, widersprach radikal der aus der Antike überkommenen Vorstellung von Gott. Gott wurde gedacht als geistig, nicht fleischlich; als unsichtbar, nicht sichtbar; als ursprungslos, nicht geboren; als unvergänglich, nicht sterblich; als unendlich, nicht endlich; und vor allem als leidlos und nicht leidend.

Diese Apathie Gottes ist im antiken Denken verwurzelt.

Das Leiden, die páthai, gehört in den Bereich des Irdischen, im engeren Sinne als Leiden und Schmerzen, im weiteren als die Affekte, Triebe und Leidenschaften. Gott ist unangerührt von all diesem, weder die Triebe noch die aus ihnen folgenden Zwänge können ihn betreffen. Er erfüllt das Ideal dessen, der im physischen Sinne unerreichbar für äußere Einwirkungen und im psychischen Sinne unempfindlich — wie tote Dinge — ist. Ethisch verstanden bedeutet seine Apathie die Freiheit des Geistes von inneren Bedürfnissen und äußeren Beeinträchtigungen. Es gehört — nach Aristoteles — zu den Vollkommenheiten Gottes, daß er keine Freunde braucht[7]. Dieser apathische Gott wurde zum Gott der Christen, obwohl er dem biblischen Gott, seinen Leidenschaften und seinen Leiden widersprach. Aber es gelang, das Axiom von der Leidensunfähigkeit Gottes mehr und mehr durchzusetzen. Den stärksten Widerstand bei diesem Anpassungsprozeß leisteten die Evangelien: in ihnen war bezeugt, daß Christus Hunger und Durst, Müdigkeit und Schläge, Schmerzen, Gottverlassenheit und Tod erlitt, daß er Liebe und Zorn fühlte. Demgegenüber versuchte man in der Patristik, eine möglichst weitgehende Leidensunfähigkeit Christi zu erhalten (Klemens von Alexandrien zum Beispiel streitet bei Christus sogar eine wahre Verdauung und Ausscheidung der Speisen ab!). Man versuchte, wenigstens in der Seele Christi Apathie anzunehmen und Unbeweglichkeit in ihr zu finden, so wie man seine Angst und seine selbst einbekannte Unwissenheit nicht ernst nahm. »Man neigte zu einer Apathie der Menschheit Christi, weil man damit die Apathie des göttlichen Logos selbst zu schützen hoffte; denn: ein Gott, der das Subjekt eines Erleidens wäre, könnte nicht wahrhaft Gott sein.«[8] Die Folgerungen aus diesen Schwierigkeiten sind sehr verschieden. »Die einen nahmen das Erleiden auf Kosten der Gottheit, die andern die Gottheit auf Kosten des Erleidens ernst. Für die ... linke Linie der Heterodoxie hat Christus offenkundig erlitten und gelitten ... aber gerade deswegen konnte er nicht wahrhaft Gott sein wie der Vater! (Ebitionismus, Adoptianismus, Arianismus.) Die Angst vor der Verletzung des Apathieprinzips war stärker als die Angst vor der Verstümmelung des evangelischen Christusbildes.«[9]

Die theologische Frage, ob Gott leiden könne, ist auch heute nicht entschieden. Meist wird sie so gelöst, daß »einer aus der Trinität« gelitten hat, die beiden anderen Personen aber nur in ihm. Aber wichtiger als solche dogmatischen Formallösungen sind die Tendenzen für das Verständnis des Leidens, die dabei zutage treten. Wo Gott als Macht, als Herr, als König und Richter gedacht ist, da taucht der Gedanke an Christi Leiden nur im Sinne antiker Leidenslehre auf, als ein vorübergehendes Übel, das einem größeren Gut dient. Christus hat in diesem Denkschema nur für kurze Zeit die Gestalt des leidenden Menschen angenommen, der »Schmerz Gottes« ist solcher Theologie kein Thema. Der apathische Gott hat hier — wie in der altkirchlichen Christologie — über den leidenden gesiegt. Das bedeutet ethisch, daß die stoische Leidensauffassung über eine christliche triumphiert. Wenn als Gott ein leidfreies Wesen verehrt wird, dann ist es tunlich, sich in Geduld, Ertragen, Unerschütterlichkeit und Distanz vom Leiden zu üben. Je mehr der Mensch sich zurücknimmt, je kleiner er sich macht, desto größer seine Chancen, leidfrei zu bleiben!

Der japanische Theologe Kazoh Kitamori hat diesem herrschenden apathischen Gott entschieden widersprochen und den Versuch gemacht, Gott als Schmerz zu denken[10]. Gott als den, der an der Sünde leidet und der doch nicht im Zorn bleiben kann, sondern Zorn und Liebe im Schmerz vermittelt, weil er den Gegenstand seines Zorns liebt, was immer »Leiden« bedeutet. Kitamori kritisiert die in der Theologie herrschende Blindheit für den Schmerz und entwirft ein Bild der Nachfolge, in dem Menschen »mit ihrem eigenen Schmerz dem Schmerz Gottes dienen«. Was kann eine solche theologische Aussage bedeuten? Sie hat ja nur Sinn, wenn sie eine Interpretation der konkreten Leiden in unserer Gesellschaft einschließt. Wo sind Menschen, die mit ihrem Schmerz dem Schmerz, und das bedeutet ja der schmerzlichen Liebe Gottes »dienen«? Ich höre in diesen Sätzen eine Abweisung aller Apathie und aller aus Apathie folgenden Geduld und Ergebenheit.

Menschen in unserer Gesellschaft nehmen den Schmerz als Fatum, das sie und andere getroffen hat. Die Bedeutung alles christlichen Verständnisses des Leidens ist aber gerade die Abweisung jeder Vorstellung von einem Fatum, dem Menschen in Ohnmacht ausgeliefert sind. »Wenn wir den Schmerz als Übel ansehen, das uns von außerhalb unwiderstehlich trifft, unterliegen wir dem Schmerz und fürchten uns vor ihm. Solange wir darum dem Schmerz entfliehen wollen, können wir ihn keinesfalls lösen.«[11] Dieses Entfliehen vor dem Schmerz in die Apathie hinein ist vielleicht in keiner Zeit so allgemein geworden wie in der hochindustrialisierten Gesellschaft. Das Leiden wird zu einem Schicksal verdinglicht, dem man nur privat entfliehen kann. Fatum und Apathie gehören zusammen als das Schicksal und die ihm Unterworfenen. »Nur wenn wir den Schmerz als etwas in uns Wesentliches mit Liebe suchen und wünschen lernen, können wir uns durch den Schmerz vielmehr stark machen.«[11] Die Verwandlung des Schmerzes, in der Menschen aus der Passivität und der Flucht in die Annahme kommen, könnte für die Leidenden eine solche im Schmerz gefundene »Stärke« bedeuten. Aber ein solcher theologischer Gedanke kann nur dann zur Wahrheit werden, wenn er politische Gestalt annimmt[12].

Wie können wir uns »stark« machen? Kann man im Ernst mit Kitamori sagen, daß wir den Schmerz »suchen und wünschen lernen« sollen? Jeden Schmerz? Das hätte nur dann Sinn, wenn es jener Schmerz wäre, der wie bei Gott, so auch bei uns entsteht aus Zorn über diese Wirklichkeit und aus bedingungsloser Liebe zu ihr. Gut ist nur der Schmerz, der den Prozeß seiner Aufhebung vorantreibt. Kitamori sagt in Auslegung des Gleichnisses vom Weltgericht, in dem die Menschen danach beurteilt werden, was sie dem geringsten ihrer Brüder angetan haben (Matth. 25, 31 ff.): »Folgendes können wir aus diesem Abschnitt lernen: Gott läßt sich von uns nicht als Gott lieben, sondern er verbirgt sich hinter der Weltwirklichkeit ... Denn er will darin geliebt werden, daß wir die Weltwirklichkeit lieben, Gott ist sozusagen immanent in der Weltwirklichkeit ... Gottes Schmerz ist also immanent im Schmerz der Weltwirklichkeit. Deshalb ist der Dienst am Schmerz Gottes als solcher überhaupt nicht möglich, sondern nur als Dienst am Schmerz der Weltwirklichkeit.«[13] Der angenommene eigene Schmerz wird dann in Beziehung gesetzt zu den Schmerzen der Menschen, unter denen wir leben. Wir hören

auf, eine Erlösung von außerhalb zu erhoffen. Das wäre immer noch die Flucht vor der Wirklichkeit und ihren Schmerzen. Mit »dem eigenen Schmerz dem Schmerz Gottes dienen« ist ein Akt, in dem das Leiden aus seiner Privatheit herausgeführt wird und Menschen sich solidarisieren. Die Flucht vor dem Leiden ist der natürliche Reflex jedes Menschen; aber auch wenn sie gelingt, ist sie zugleich die Verewigung des allgemeinen Leidens. Sich durch den Schmerz »stark machen« ist demgegenüber zu verstehen als die Stärke derer, die solidarisch geworden sind.
Ich habe dieses »Sich-durch-den-Schmerz-stark-Machen« zum erstenmal in Asien gesehen, bei dem Volk, das in der ganzen Welt zum Symbol des Gequältwerdens und des Widerstands geworden ist, dem Volk von Vietnam.

4. Politische Apathie — am Beispiel Vietnam

Die schlimmste Form der Apathie ist nicht der private Wunsch, möglichst schmerzfrei durchzukommen, sondern die politische Apathie. Sie hängt zusammen mit einer erstaunlichen Vergeßlichkeit; es ist, als hätten die früheren Menschen nicht gelebt und als seien ihre Erfahrungen umsonst gewesen. So haben die Kölner den Bombenkrieg »vergessen«, jedenfalls als er Hanoi und Haiphong betraf.
Johannes Bobrowski hat ein Gedicht mit dem Titel »Holunderblüte« geschrieben. Der Holunder mit seinen aus Blütensternchen zusammengesetzten Tellern ist ein Symbol der Fruchtbarkeit und des Glücks. Das Gedicht handelt allerdings von der Verfolgung der Juden im zari-

stischen Rußland, es erinnert an die Kindheitserlebnisse Isaak Babels. Erst dann, als von den jungen Leuten einer neuen Generation die Rede ist, taucht das Motiv des Holunders wieder auf.

> »Leute, ihr redet: Vergessen —
> Es kommen die jungen Menschen
> ihr Lachen wie Büsche Holunders.
> Leute, es möcht der Holunder
> sterben
> an eurer Vergeßlichkeit.«[14]

Die Apathie fragt dem, was gewesen ist, nicht nach, weil sie »natürlich« reagiert. Aber selbst das Natur-Glück kann eingehen in einer apathischen Welt.
Die Apathie der Geschichte der Nazizeit gegenüber war nur ein Vorspiel des allgemeinen Ausmaßes an Leidensunfähigkeit, das am Beispiel Vietnam deutlich geworden ist. Für meine Generation, die politisch gesprochen ihre Jugend mit der Entdeckung und der Analyse der Naziverbrechen zubrachte, bedeutete die langsame Erkenntnis dessen, was in Vietnam geschah, einen Schock. Nach Auschwitz begreifen, daß Auschwitz noch nicht zu Ende ist, das wurde der Inhalt des Wortes Vietnam für uns. Und zwar einmal in dem unmittelbaren Sinn: Genocid, Biocid, Aerocid — die höchste technische Perfektion, angewandt, um ein paar Millionen Reisbauern zu vernichten; die »antipersonal bombs«, die Gebäude nicht beschädigen können, sondern eigens für Menschen gemacht sind; die Plastikbombe, deren Splitter im Röntgenbild nicht erscheinen, damit man die Menschen nicht operieren und heilen **kann**.
Aber noch in einem andern Sinn führt Vietnam die Ge-

schichte von Auschwitz weiter: daß die Menschen es — wie damals — mit sehenden Augen nicht sahen und mit hörenden Ohren nicht hörten.

Ich erinnere mich noch an den Tag, an dem ich zum erstenmal davon erfuhr, daß die amerikanischen Soldaten mit Tonbandgeräten bei den Folterungen gefangener »Vietcong«, die von Südvietnamesen durchgeführt wurden, teilnahmen. Sie brauchten die Informationen, um ihren Krieg führen zu können. Es war im Jahr 1963. Bekannte, denen ich davon erzählte, glaubten mir nicht. Ich ging den Details nach und wußte nach kurzer Zeit einiges über die Wirkungen auch geringer Napalmspritzer auf der Haut; über die Art, wie man Flüchtlinge »produziert«, wenn man sie zu strategischen und psychologischen Zwecken braucht; über die Vergünstigungen, die eine amerikanische Einheit bei hohem »body count« (Zählung der Getöteten, Zivilisten eingeschlossen) erhielt. Ich fragte einen alten Freund, der in Hué als Mediziner tätig war, was eigentlich ein Vietcong sei, und höre noch seine Antwort: »Ein toter Vietnamese — das ist ein Viet-cong.«

Später sah ich im amerikanischen Fernsehen die wöchentliche Totenliste, eingeteilt in drei Spalten: für Amerikaner, Südvietnamesen und ihre Verbündeten und V.C.-Tote. Es gab keine Spalte für die Alten, die Frauen und Kinder, die doch das Hauptkontingent der Toten stellten, auf jeden gefallenen Soldaten kamen in diesem Krieg zehn Zivilisten.

An dieser Liste, Ende September 1972, war noch etwas anderes bemerkenswert: die erste Spalte blieb leer. »Man muß die Hautfarbe der Toten ändern«, hatte ein amerikanischer General gesagt. Die »Vietnamisierung« war gelungen, bald darauf wurde Nixon wiedergewählt und konnte weiterbombardieren. In Vietnam sah ich ihn auf Plakaten dargestellt, ein riesiges grünes Ungeheuer, das einen Schatten wirft, der aus zahllosen Totenschädeln besteht. Es gab nicht sehr viele Tage in den letzten zehn Jahren, in denen ich nicht an Vietnam, an seine Menschen, an den Kampf gedacht hätte. Das Photo von dem kleinen südvietnamesischen Jungen hinter Stacheldraht liegt unter der Glasplatte auf meinem Schreibtisch. Napalm, Tigerkäfig, My Lai, »Operation Phoenix« — die Wörter, die allmählich den Platz von Auschwitz und Bergen-Belsen einnahmen. Manchmal drohte das Wort eine reine Symbolfunktion zu gewinnen, »das unvermeidliche Vietnam« in der Sprache der Rechten. Aber sie wissen nicht, was sie reden. Es war ja tatsächlich nicht zu vermeiden, daß wir davon sprachen. Es bedeutete für uns die entscheidende politische Schule.

Je klarer mein Bild von der Sache wurde, desto unabweisbarer machte ich die Erfahrung der Apathie. Vietnam war kein Thema! Die Aufdeckung der amerikanischen Verbrechen rief eine solche Antireaktion hervor (»Aber der Vietcong...!« Nur gab es da nichts Konkretes zu erzählen!), daß wir manchmal die schwächeren Beispiele wählten in der Hoffnung, so wenigstens Glauben zu finden. Am schlimmsten war die Reaktion in den Kirchen, dort, wo wir Verbündete suchten. Als ich einmal Geld für ein Kinderkrankenhaus in Nordvietnam sammelte, bekam ich zu hören: »Für die Kommunisten? Das fehlte noch!« Ich rief nach: »Manche sind erst drei Jahre alt und haben keine Beine mehr!« Eine Dame zischte mich an: »Wir geben unsere Opfer *in* der Kirche, nicht auf der Straße.«

Apathie und Antikommunismus gingen bei diesen Erfahrungen fast bruchlos ineinander über, oft hatten wir den Eindruck, daß nur die Sozialisten noch leidensfähig seien. Jedenfalls scheint es eine der objektiven Funktionen der antikommunistischen Ideologie zu sein, Abwehrmechanismen gegen die Berührung mit Leiden herzustellen. So werden die Schmerzen der Ausgebeuteten in der Dritten Welt verkleinert, entwichtigt, abgeschwächt — oder in säkularisierten theologischen Kategorien als Strafe (für Faulheit und Dummheit) oder Prüfung (erst mal sich bewähren!) eingeordnet.

5. Den Haß in Stärke verwandeln

Im November 1972 folgte ich einer Einladung nach Hanoi. Zerstörte Wohnblocks, Krankenhäuser unter der Erde, Trümmerfelder, zerbombte Kathedralen, ärmliche Lehmhütten am Rande der Stadt, verwundete, verstümmelte Menschen, Kinder mit dem weißen Stirnband der Trauer, die in einer Nacht zu Waisen geworden waren — aber all diese Formen des Leidens waren anders, weil sie in einem andern sozialen Kontext standen und anders bewertet wurden.
Die Bilder dieses anderen Lebens sind noch lebendig in mir.
Vor einem Zeitungsverkäufer, der fast nicht zu erkennen ist zwischen Strohhüten und Fahrrädern, die ihn umdrängen, hockt auf der Straße ein vielleicht neun Jahre alter Junge und liest konzentriert und langsam die Zeitung. Das Brüderchen, eineinhalb Jahre alt, das er tagsüber mit sich herumträgt wie viele größere Kin-

der, wartet geduldig. Ein anderer erster Eindruck: ein kleiner Junge, barfuß, neben dem Flicken ist die Hose wieder zerrissen, dem Hemdchen fehlen die Knöpfe, unter dem Arm ein paar Schulsachen und in der Hand das sorgfältig getragene Kostbarste: das Tintenfaß. Das ist der Reichtum, den die Armen sich leisten.

Unter der Kinderschar, die uns neugierig, strahlend, aber nicht zudringlich und selbstverständlich ohne Bettelei folgt, findet sich fast immer einer mit Brille. Kinder eines unentwickelten Agrarlandes (80 Prozent der Bevölkerung sind Reisbauern), schlecht gekleidet, aber ausreichend ernährt. Sie kommen in den Genuß eines Gesundheitswesens, das Augenkrankheiten bei Kindern erkennt und korrigiert, das in den wenigen Jahren seines Bestehens und unter den Bedingungen des Krieges, der Blockade und der Bombenangriffe die wichtigsten »sozialen Krankheiten«, wie hier Tuberkulose, Lepra, Trachom, Poliomelitis genannt werden, besiegt oder sehr eingedämmt hat.

Die Armut ist überall sichtbar, die Textilien sind spärlich, Lehmhütten am Rande des Roten Flusses erinnern an die Favellas in Brasilien, Papier ist grau, fleckig und rar. Transistorradios sind unerschwinglich — trotzdem fehlt dieser Armut das Charakteristikum des Armseins in den meisten anderen Ländern: sie demütigt nicht. Sie bedroht nicht die Würde des Menschen, wie ein Lieblingsausdruck der Vietnamesen lautet.

Das hat zwei Gründe: einmal den, daß die elementaren Grundbedürfnisse befriedigt sind. Es gibt genug Reis für alle, dazu die proteinhaltige Fischsoße, es gibt eine kostenlose Gesundheitsversorgung und Prophylaxe.

Der andere Grund, warum die Armut hier die Würde

nicht antastet und vergleichsweise durchaus erträglich scheint, ist die Gleichheit, mit der sie alle betrifft. Minister mit zerbeulten Hosen, höhere Funktionäre im Sonntagsanzug, dem man fünfzehn Jahre geben kann — keine Seltenheit. Die Gehaltsunterschiede sind beispielhaft niedrig. Darüber unterhielten wir uns mit dem stellvertretenden Minister für das Gesundheitswesen. Er fängt seine Antwort auf unsere Frage mit einem Zitat an. »Ho Chi Minh lehrte uns, sich wie Vater und Mutter zu den Patienten zu verhalten. Daher spielt Geld für uns nicht die Hauptrolle.« Das Anfangsgehalt einer Schwester liegt zwischen 40 und 50 Dong, das eines Hilfsarztes bei 50, das eines Doktors bei 60 Dong. Das Endgehalt eines Hilfsarztes ist 80 Dong, das eines Pflegers 70, ein Arzt kann bis zu 160 Dong kommen, ein weltberühmter Leberspezialist verdient, wie der Gesundheitsminister mit leichter Ironie vermerkt, »Sonderklasse« 190 Dong. Nominal entspricht ein Dong einer Mark, praktisch läßt es sich schwer vergleichen, weil die Grundbedürfnisse — wie Miete, Licht, Reis — fast nichts kosten. Bekannt ist, daß Ho Chi Minh 250 Dong bekam und Pham van Dong 240. Man kann überall offen darüber sprechen.
Mich macht nachdenklich, daß der hochgebildete, in seinen Informationen sehr überlegte Minister zitiert, bevor er zur Sache kommt. Dieses Verhaltensmuster finden wir überall wieder. Ähnlich wie früher Bibelworte erscheinen in den alltäglichen Zusammenhängen Losungen, Worte des Onkels Ho, moralische Begründungen. »Und so erfüllen wir das Wort aus dem Testament unseres Präsidenten Ho.« Worte sollen erfüllt, Vermächtnisse übernommen, Sätze rezitiert werden; die Ausdrücke »menschliche Würde« und »Ermutigung« habe

ich noch nie so oft gehört wie hier. Das Leiden ist jederzeit gegenwärtig, aber es ist selber zu einer moralischen Kategorie geworden. »Je mehr Bomben, desto besser unsere Moral, desto gewisser der Sieg.« Der Bürgermeister der Stadt Hai Phong erzählt von den 100 Waisenkindern, die es seit dem Wiederbeginn des strategischen Bombardements in der Stadt im April 1972 gibt. Ein Waisenhaus könnten wir allerdings nicht besichtigen — mit einer Spur Ironie gegen unsere Vorstellungen gesagt —, die Kinder sind alle in Familien untergebracht. »Ho hat uns gelehrt, die Kinder zu lieben.« Aus diesem Zitat wird die Schulfrage entwickelt: wie Analphabeten zu Lesern werden, das war die wichtigste Sorge nach der Revolution. Der Stadtrat hatte beschlossen, alle guten, noch erhaltenen Gebäude zu Schulen zu machen. Die 300 000 schulpflichtigen Kinder bilden auch heute die Hauptsorge der Stadtväter. Bildung, Moral, Unterweisung, Ermutigung — die Vietnamesen wissen, was moralische Unterstützung bedeutet. Der Text eines Liedes über die Stimme des Onkels Ho lautet: »Das vietnamesische Volk beherzigt die Worte Ho Chi Minhs. Er ist für uns eine Ermutigung. Er spornt uns an, alle Schwierigkeiten zu überwinden und das schöne Vaterland zu befreien.« Es fällt nicht schwer, das ins Biblische zu übersetzen: das Volk Gottes, das Wort, der Geist, der tröstet und erquickt, die Erfüllung des Wortes. Man ist geneigt, eine solche Kultur als imitativ und postfigurativ abzuwerten. Was können solche Muster in unvergleichlichen, technologisch bestimmten Situationen noch bedeuten? Brauchen wir nicht präfigurative Erziehungsmodelle und müssen wir nicht lernen, ohne Väter auszukommen, auch ohne den Güte und Ernst ausstrahlenden

Präsidenten Ho vor dem himmelblauen Hintergrund? Aber was hier im befreiten Vietnam zu spüren ist, hat mit dem zu Recht kritisierten Traditionalismus westlicher Prägung nichts zu tun. Denn nicht genaue und starre Verhaltensmuster und Regeln sind vorgegeben, vielmehr hat Ho (wie Jesus) nur die Tendenzen des Verhaltens angegeben, die »Erfüllung« der Worte aber der schöpferischen Anwendung aller überlassen. Aus diesem Grunde ist das Verhältnis zum Leiden ein anderes, die Lernbereitschaft und die Erfindungsgabe werden angesprochen.

Alle genauen Kodifikationen sind nach kurzer Zeit wertlos oder schädlich. Dennoch muß immer wieder formuliert, müssen Losungen ausgesprochen werden, auch wenn sie so simpel klingen wie das immer wieder zitierte Wort Ho Chi Minhs: »Nichts ist so kostbar wie Freiheit und Unabhängigkeit.«

Solche zitierbaren Sätze sind so nötig wie Reis. Ho ist heute ein produktiver Mythos — wie es der revolutionäre Jesus für die Priester der Dritten Welt ist. Vielleicht ist es die totale Zerstörung des Vertrauens zu den Vätern, die in unserer Welt Menschen zum Zynismus führt — und eine Komponente des Gefühls der Leichtigkeit und des Glücks, das ich in Vietnam erfuhr, war die vollständige Abwesenheit von Zynismus.

Als Europäer fühlt man sich wie ein Barbar, wenn man hier die Hochschätzung der Kunst, des gesprochenen Wortes, die Einbeziehung der Kunst in das Leben ansieht. In einer metallverarbeitenden Fabrik in Haiphong haben wir Arbeiterinnen und Arbeiter musizieren hören. Einer spielt die Bambusflöte, ein anderer die Gitarre, die Mädchen singen und bewegen sich dabei im

Rhythmus der uralten und der neuen Musik. Sie drücken ihre Freude, ihren Schmerz aus, und während von draußen das Geräusch der Blechhämmer durchs offene Fenster dringt, singt der zwanzigjährige Schlosser Binh Minh (»Morgenrot«) mit einer unerhört schönen Stimme »Vietnam auf dem Marsch«. Wir sind sprachlos. Jemand kommt auf den Gedanken, er solle seine Stimme ausbilden, aber für ihn ist das Singen nicht verwertbar oder verkäuflich. Er schüttelt den Kopf, und ein Kollege zitiert Ho Chi Minhs Wort: »Wir wollen mit unseren Liedern die Detonation der Bomben übertönen.« Der Chefarzt des Krankenhauses erzählt von der Singgruppe, die jedes Krankenhaus hat. »Mit ihren Liedern heilen sie die Patienten, das gehört zur Therapie.«
Therapeutisch interessant ist auch die Behandlung der Prostituierten gewesen, die nach dem Abzug der Franzosen zurückblieben. Man hat sie in Heimen systematisch verwöhnt, ihnen Wünsche erfüllt, sie spielen lassen. Erst nach einer längeren Periode der Regression begannen Propaganda und Unterricht. Eine Analyse ihrer Situation lehrte sie verstehen, daß es nicht ihre Schuld, sondern die des Kolonialismus war, der sie wie andere Menschen zu käuflichen Objekten machte: »Man muß die Menschenwürde zurückgewinnen.« Erst wenn das gelungen ist, beginnen die Frauen zu arbeiten.
Durch die allgemeine politische Bewußtseinsbildung sind dann auch die anderen Frauen in der Gesellschaft so weit, diese Frauen zu respektieren. Nur in einer veränderten Umgebung kann die personale Veränderung beständig sein — und nur da, wo mit solchem Ernst auf die Wiederherstellung der Würde des letzten Freudenmädchens hingearbeitet wird, läßt sich von Sozialismus

sprechen. Nach amerikanischen Forschungen ist die Familienstruktur in Südvietnam weithin total und, wie sie sagen, irreparabel zerstört. Schon die Zahl der vom Staat erfaßten Prostituierten beträgt 22 000, aber das dürfte nur ein geringer Prozentsatz sein. Ganze Lyzeumsklassen prostituieren sich, die Preise nach Klassen gestaffelt. Wird ihr Leiden einen Sinn haben? Werden sie eine Chance bekommen, die menschliche Würde zurückzugewinnen?

Im Museum in Hanoi steht ein eigenartiger trommelähnlicher Sarg, für einen Hockenden gemacht. Auf dem Deckel sind kleine fingerlange Metallfiguren, Paare beim Liebesakt. Er erscheint mir wie ein Symbol der gegenwärtigen Situation; wie winzig und ohnmächtig sind die Leute, die das Leben weitergeben, wie mächtig der Präsident der Vereinigten Toten, und doch ist der Sieg auch über diesen Tod, der die Chirurgen in Höhlen und die Kinder unter Schutzwälle treibt, nicht ausgeschlossen. »On n'arrête pas le soleil«, wie Pham van Dong es später im Gespräch ausdrückt. »Den Haß in Stärke verwandeln«, steht auf einer zerstörten Schule. Plakate finden sich vor allem auf Trümmerwänden, an zerstörten Schulen, neben den Krankenhäusern und an belebten Plätzen. Es lassen sich zwei Stile unterscheiden: ein pathetisch-heroischer, der bestenfalls an Fernand Leger, oft nur an den sehr gleichförmigen, massiven sozialistischen Realismus erinnert — und ein witziger, der offenbar bildnerisch an die nationalen Traditionen der vietnamesischen Volkskunst anknüpft. Was für die Bauern früher das »Hochzeitsfest der Mäuse« bedeutete, bei dem die Katze mit Huhn und Fisch, Gesang und Saitenspiel besänftigt und listig befriedigt wurde, das wiederholt sich heute in den Darstellungen Nixons, der als Elefant zwischen Laos, Kambodscha und Vietnam im Dschungel steckt. »Er ist hängengeblieben.« Oder Nixon, eine schwarze, blutige Hand hervorstreckend: »Die USA wollen den Völkern friedlich die Hand geben.« Oder Thieu, der Nixons Stiefel leckt und dabei sagt: »In den vergangenen achtzehn Jahren habe ich immer für die Unabhängigkeit der Republik Südvietnam gekämpft.« Bilder dieser Art, »gemalt von einigen Einwohnern«, findet man bis in die kleinen Dörfer. Nach Ho Chi Minhs Worten soll jeder Bewohner des Landes malen und zeichnen können, eine Fremdsprache lernen und Musik machen.

Der Sozialismus, der hier praktiziert wird, ist vom osteuropäischen außerordentlich unterschieden. Das Erlebnis der egalité befriedigt einen uralten Wunsch. Die Gleichheit bezieht sich nicht nur auf die Gehälter, sondern vor allem auf die Abwesenheit von Privilegien. Ein Minister, der ins Ausland fliegt, steht bei Paß- und Zollkontrollen wie jeder andere an, er trägt Plastiksandalen wie alle. Noch sind die alten Revolutionäre in den führenden Positionen, kluge, unbürokratische, kritische Leute. Fast alle haben Jahre im Widerstand gekämpft und in den Gefängnissen der Franzosen zugebracht. Es ist eine Generation, die man am Gesicht erkennt, das von Entbehrungen und klarem Denken gezeichnet ist.

Die Vietnamesen haben ein anderes und ungebrochenes Verhältnis zur Tradition. Die Geschichte des Volkes wird unter einem wiederkehrenden Muster beschrieben und immer wieder erzählt. Aggressoren überfallen das friedliche Volk, der Widerstand erwacht, Frauen und

Mädchen führen ihn an oder tragen ihn, der Kampf um Freiheit und Unabhängigkeit ist ein Volkskrieg. Er ging gegen die Feinde aus dem Norden — wie man die Chinesen der Feudalzeit umschreibt —, er ging gegen Mongolen, Japaner, Franzosen und US-Imperialisten. Die Kontinuität der Geschichte eines kleinen tapferen Volkes ist gewahrt. Ein anderes Verhältnis zum Leiden kann nur im Rahmen eines Geschichtsverständnisses, das allen gegenwärtig und bewußt ist, entwickelt werden.

Das nationale Bewußtsein kann es sich gar nicht leisten, die eigene Geschichte, die früher geltenden Werte, die Kultur des Volkes unter negativem Aspekt zu sehen. Geschichte betreiben, hat hier nicht den Sinn zu entlarven, sondern zu ermutigen. Im Museum zeigt man uns den berühmten Buddha mit tausend ausgestreckten Armen, in jeder geöffneten Hand ein Auge. Dieser Gott, der Erleuchtete, der alles sieht und alle schützt, sei auch für Nichtbuddhisten sehr wichtig, sagt man uns, zum Beispiel für gefolterte Kommunisten. Diese Verbindung mit der Tradition bewahrt im gegenwärtigen Leiden die früheren Leiden, im gegenwärtigen Kampf die früheren Kämpfe auf, das nationale Erbe wird nicht nur nach der Revolution als ein Kulturgut wieder heraufgeholt, sondern die Geschichte des Volkes selber steht unter dem einen Gesichtspunkt: Abwehr der Unterdrückung, Unabhängigkeit von fremden Eindringlingen. Das Leiden hat die Menschen zur Veränderung geführt. Das Volk versteht sich als ganzes durch die Kolonisation erniedrigt und beleidigt; daher wird der Klassenkampf weniger im Volk selber als im Abwehrkampf gegen die Kolonisatoren ausgetragen. Pham van Dong erzählt uns bei einem Spaziergang durch den Park seines Amtssitzes, daß Vietnamesen diesen Park zur Franzosenzeit nicht betreten durften. Ein protestantischer Pfarrer berichtet mir, daß schon die pastorale Ermahnung, Alkohol und Opium zu meiden, einen Geistlichen vor französische Gerichte brachte.

Unterschieden von anderen sozialistischen Staaten ist auch der Versuch der Dezentralisierung, der hier teils überlegt gemacht, teils aus Notwendigkeit erzwungen ist. Die Selbständigkeit der einzelnen Provinzen wird betont. Die Gemeinden organisieren und bezahlen ihre pädagogischen und medizinischen Mitarbeiter selber. Man versucht, so viele Entscheidungen wie möglich auf die untere Ebene zu bringen. Die gesundheitliche Versorgung ist durch die Evakuierung der Kliniken und Verlagerung der zentral organisierten Einrichtungen verbessert worden. Verwundete müssen schnell versorgt werden, die Verantwortlichkeit und das Niveau der unteren Ebene wird größer. Auch die wissenschaftliche Forschung hat durch die Kriegsumstände gewonnen. Die Vietnamesen haben eine erstaunliche Fähigkeit der situationsangepaßten Entwicklung. Impfstoffe, die ohne Kühlung haltbar sind, also auch in abgelegenen Gegenden gebraucht werden können, Injektionen dort, wo keine Blutkonserven zur Verfügung stehen — oder auch das zur Berühmtheit gelangte Doppelklosett für die Landbevölkerung, durch das Wurmkrankheiten beseitigt und Düngemittel natürlich gewonnen werden. Von Propaganda hören und sehen wir wenig, viel dagegen von Belehrung, Vermächtnis und Losung; Versuch, durch einfache und klare Gedanken Praxis in Bewegung zu bringen.

Die Stunden, die wir im schönen Wohnhaus des letzten vietnamesischen Kaisers zubringen, bringen vielleicht dieses Verhältnis von übernommener Tradition und ihrer Aktualisierung in gegenwärtigen Kämpfen und Leiden am deutlichsten hervor. Wir sind zu Gast beim vietnamesischen Schriftstellerverband; ein Komponist, eine Bildhauerin und einige Schriftsteller empfangen uns zu einem herzlichen und sehr witzigen Gespräch. »Das ist Bao Dais Haus«, sagt man uns. »Aber er liebte das Haus nicht mehr, und es liebte ihn nicht mehr.« Wir sprechen über Literatur, wir lesen uns gegenseitig Gedichte vor, obwohl wir wissen, daß Übersetzen nach einem vietnamesischen Sprichwort so viel bedeutet wie: dem Vogel die Flügel beschneiden. Te Hanh, der Übersetzer Brechts und Heines, liest:

> »Ein Stein nicht rund, nicht eckig,
> ein Stein wie alle Steine.
> Das Grab von Brecht.
> Die Blumen bieten ehrerbietig
> ihren Duft an.
>
> Ein Stein, einfach, nachdenklich
> wie deine Dichtung, die du
> in meine Seele geschrieben.
> Ein Stein wie das Antlitz des Lebens,
> wo sich ein unsterblicher Name eingetragen hat:
> Bertolt Brecht.«

Wir sprechen über den Verfremdungseffekt, wie er in den Theatergruppen, die durch die Dörfer Nordvietnams ziehen, gebraucht wird. Ein trauriges Liebespaar betrachtet klagend den Mond — und ein Spaßvogel läuft immer dazwischen und bringt das Publikum durch seine Witze zum Lachen. Jemand erzählt von dem Lyriker To Hu, der zwei Dichter liebt: Nasim Hikmet und Bertolt Brecht. Über Hikmet sagte er: »Sein Herz brannte bis zuletzt, daraus entsteht der Gedanke; bei Brecht brennen die Gedanken, und daraus entsteht ein Herz.« Der Komponist vieler Widerstandslieder, Nghuen Xuan Khoat, singt uns ein Lied vom alten Betrunkenen, der durch das Dorf torkelt, und klopft den Rhythmus mit dem Bleistift dazu. Er läßt die Kinder in der Bundesrepublik grüßen und bittet sie, fleißig zu lernen und Gedichte zu schreiben. Schließlich hält der begabte Lyriker Che Lan Vien, ein Intellektueller, der den Koran auswendig kann und der sich entschuldigt, daß seine Gedichte immer fast so lang wie die Hölderlins sind, eine kleine Rede, die darin gipfelt: »Es nützt uns nichts, schöne Gedichte zu haben, wenn Vietnam nicht mehr existiert. Haben wir uns um die schöne Kultur gekümmert oder um die Unabhängigkeit? Was werden unsere Nachkommen von uns sagen?« Die Aufrufe und Resolutionen, die wir mitgebracht haben, die zwischen Teetassen und Mandarinen auf dem Tisch liegen, er nennt sie »große Gedichte«! Sie gehören für ihn zur Menschenwürde. Wenn wir die Unabhängigkeit haben, werden wir alles haben — und es kommt mir vor wie: »Trachtet am ersten nach dem Reiche Gottes, so wird euch alles andere zufallen.« Vien liest aus einem seiner langen Gedichte.

»Es ist nicht einfach,
eine vietnamesische Mutter zu sein.
In der Welt lehrt man Kinder,

wie Blumen gepflückt werden,
und hier lehren die Mütter die Kinder,
wie man in den Bunker geht.
In der Welt lehrt man die Kinder
den Gesang der Vögel
von Geräuschen zu unterscheiden,
und hier lehren die Mütter
die Detonationen der Düsenjäger B 7, A 7 oder F 4
zu unterscheiden.
Liebe Maria, seit 1969 Jahren
trägst du dein Kind im Arm.
Weißt Du, daß vietnamesische Mütter
Tag für Tag älter und unglücklicher werden? ...«

Zu mir gewandt sagt Vien: »Sie werden die Gedichte, die Gott besingen, nicht so lieben wie Gott selbst. Denn nicht die Gedichte haben Gott geschaffen, sondern Gott die Gedichte ...« Dann erzählt er die Geschichte der 400 Transistorradios, die die Amerikaner am Ende der Johnson-Ära abgeworfen und den Fischern geschenkt haben. Ein Brief des amerikanischen Präsidenten lag bei, eine freundliche Aufforderung, zu kapitulieren. Die Fischer haben die Radios, mit denen man nur die Stimme Amerikas empfangen konnte, weggeworfen und zerstört. Und so erfüllten sie das Wort Ho Chi Minhs: »Nichts ist so kostbar wie Freiheit und Unabhängigkeit.«
Man dankt uns öfter für die Ermutigung, die wir bedeuten. Aber in Wirklichkeit sind wir ermutigt worden. Wir haben ein Stück von dem Sozialismus gesehen, von dem wir immer träumten. Wir haben die »Hauptstadt der menschlichen Würde«, wie Madeleine Riffaud Hanoi

nannte, gesehen. Wir haben das Unglück gesehen, aber nicht in seiner schrecklichsten Gestalt, weil die dritte der Dimensionen des Unglücks, die soziale Erniedrigung, hier fehlte. Ein ganzes Volk ist in seinen kaum vorstellbaren Leiden konzentriert, nicht isoliert und auseinandergerissen, die gemeinsame Geschichte wird als ein Prozeß der Befreiung verstanden. Das Leiden führt nicht zu Apathie und Unterwerfung, es wird produktiv. Haß und Schmerz werden verwandelt.

III
Leiden und Sprache

»*Selbstmord vollzieht sich in vielen Fällen unglaublich ordentlich. Der Selbstmord, dessen Vorbereitungen ohne Übergang aus den täglichen und deshalb als normal erachteten Tätigkeiten heraus passieren, geschieht mit der gleichen Ordnungsliebe, gleich säuberlich, bieder und stumm-trostlos wie das Leben, das ihn verursacht hat. Das kann viel aussagen über das Leben einiger unter uns, über ihre nichterfüllten Erwartungen, ihre aussichtslosen Hoffnungen, ihre kleinen Träume; das kann ihre Unfähigkeit dokumentieren, sich aus der Sklaverei der Produktion zu befreien, das kann zeigen, daß ihr Leben und Dahinleben dem von Arbeitstieren gleicht. Wie Tiere projizieren diese Menschen ihre Notsituationen in ihrer Haltung, im Stummsein, die ein starkes Maß an Ordnung, an Dulden, an ›sich ungefragt einverstanden erklären‹, an Ausnutzung und Verbietung bis zur Schwäche und zum Zusammenbruch enthält.*«

F. X. KROETZ, WUNSCHKONZERT

1. Aus dem Leben eines Arbeiters

Der folgende Bericht ist von einem 55 Jahre alten Gießer geschrieben. Er schildert den Arbeitsvorgang an der Schleudergußmaschine und die Arbeitsbedingungen in einem Düsseldorfer Metallwerk.

»Ja, die Luft! Sie ist nicht ganz sauber. Staub, Qualm, Ruß, böse Zungen behaupten sogar, die gesundheitsschädlichen Zink- und Bleidämpfe schwirren durch die Luft. Öfters als uns lieb ist — besonders wenn der Alte irgendwo billig einen dreckigen Schrott bekommen hat und der geschmolzen wird — ist die Luft so dick, daß wir den Raum verlassen müssen. Die so verlorene Zeit muß man dann schnell nachholen, denn glaubt mir, Akkord ist wirklich kein Spaß.
Wenn ich die Gesichter der Kollegen anschaue — früher war mir das noch komisch —, kann ich mir auch meins vorstellen: Dreck, Dreck und noch eine Schicht Dreck drüber.
Stellenweise hinterläßt ein Schweißrinnsal eine hellere Spur hinter sich, die bald wieder mit Ruß bedeckt wird, neue Schweißtropfen kullern, je weiter die Schicht fortschreitet, immer öfter, nicht nur am Gesicht entlang, nein, der ganze Körper wird feucht, glitschrig, grünlich von Kupferoxyden nur, sagt man uns, die Haut juckt davon manchmal mehr, als es erträglich ist, man spürt die Schweißtränen, wie sie vorne auf der Brust, hinten im Rücken ruckweise runterrutschen, an den Arschbacken entlang, an den Beinen bis in die Schuhe. Wer keine Schweißfüße hat, bekommt sie bei uns zumindest indirekt. Nicht nur die Socken, auch die Wäsche wird, nach-

dem sie im Spind — hoffentlich — trocken geworden ist, steif vom Salz aus den Poren, grünlich-weiße Streifen und Flecken überall. Man kann die Wäsche nicht so oft wechseln wie man will, denn nach zweimaligem Waschen ist sowieso alles zerfressen, zerfallen. Und Geld zum Herausschmeißen aus dem Fenster hat keiner von uns.

Glaubt mir, Leute! Nicht immer kann man es vermeiden, daß Metall spritzt. Kleine Metalltropfen schwirren wie Motten ums Licht aus der Kump. Meine Hände, obwohl sie behandschuht sind, tragen immer die Spuren der Arbeit: kleine rote Pickelchen, Bläschen, auch pfenniggroße Verbrennungen 3. Grades. Die beachtet man nicht mehr. Wer würde wegen solcher Kleinigkeiten gleich zum Sani oder gar zum Arzt laufen! Man könnte deswegen, vielleicht, seinen Posten verlieren.

Das möchte keiner von uns, glaubt mir!

Eigentlich müßten wir Gamaschen tragen, um Verbrennungen an den Füßen zu vermeiden. Die sind so steif und lästig, durch sie kommt dann noch weniger Luft in die Hosenbeine, mit einem Wort: man verzichtet lieber auf sie. Nur, bitte, glaubt mir, Leute, an den Füßen sind die Verbrennungen wirklich etwas unangenehmer als woanders. Im Metall, welches wir verarbeiten, es ist meistens Rotguß, sind etliche Promille Phosphor enthalten.

Ich weiß es nicht genau, beinahe könnte ich es verdammt glauben, daß Phosphor ein Hautgift ist. Denn die kleinen Verbrennungen wollen und wollen nicht heilen. Sie fressen sich immer tiefer in die Haut, werden sogar breiter, besonders an den beweglichen Teilen, Gelenken, Beugen. Nach einigen Tagen fangen sie immer mehr zu schmerzen an, bis sie endlich, nach etwa sechs Wochen, verschwinden, zuerst einen dunklen, dann einen immer helleren Fleck auf der Haut hinterlassend.

Wenn wir nach der Arbeit so nackt in unserem Badestall stehen, erkenne ich jeden Kollegen an seinen Flecken, die Gesichter brauche ich dabei gar nicht anzuschauen.

Wegen solcher Kleinigkeiten, wegen nässender, offener Wunden krankfeiern? Ein Heftpflaster tut's auch, glaubt mir, Leute!

Ich will nicht klagen, nicht wegen meiner verkrüppelten Hände. Man gewöhnt sich auch daran. Die Ärzte der Berufsgenossenschaft haben schon recht, wenn sie das bei der Bemessung der nie zu erhoffenden Rente behaupten. Nur ich habe da eine blöde Geschichte mit den Beinen. Weiß der Teufel, woher das kommt. Von der Arbeit, meine ich, ich bin erst gerade 55, kaum. Schon einige Jahre — der Mist will und will nicht vergehen — habe ich so'n komisches Gefühl in den Beinen. Thrombose oder was ähnliches, sagen die Ärzte. Ob das stimmt? Wer weiß. Ich bin da skeptisch.

Jedenfalls sind meine Beine irgendwie geschwollen, fühlen sich hart an, sind rot, die Haut schält sich langsam, und zwei Wunden — Verbrennungen sind es keinesfalls, dafür stehe ich gerade — fast sind sie wie 5-Markstücke groß, eitern und eitern. Da bin ich eisern. Ihretwegen kann ich zwar nicht immer, wie die anderen, nach der Arbeit duschen. Aber ich pflege sie wie ich kann. Nur zum Arzt traue ich mich nicht mehr. Beim erstenmal hat er mich gleich krankgeschrieben. Ich möchte nicht, daß sich das nochmal wiederholt. Möglicherweise könnte er mich noch überreden, die Invalidenrente zu beantragen. Und für mich gibt es keinen Ersatz. Bis ein Neuer ange-

lernt wird, vergeht zu viel Zeit. Vom Produktionsausfall gar nicht zu sprechen.
Nee, das kann ich meiner Firma nicht antun. Außerdem brauche ich Geld, glaubt mir, Leute!
Ja, die Wunden. Die Beine schmerzen und schmerzen, manchmal möchte ich am liebsten schreien. Nur schäme ich mich vor den Kollegen. Die einen raten mir zwar, bevor ich Blutvergiftung bekomme, dennoch den Arzt aufzusuchen, aber die anderen lachen über mich, weil ich vor Schmerzen von einem Bein auf das andere hüpfe, in meinen Sandalen. Denn Unfallverhütungsschuhe kann ich — eben wegen der Schmerzen, wenn die Füße anschwellen — schon lange nicht mehr tragen. Glaubt mir!
Wenn nur die Luft etwas sauberer — vor 15 Jahren versprach man uns eine perfekte Entlüftungsanlage — wenn nur die Hitze etwas erträglicher wäre — man versprach uns, den Bau zu vergrößern und die Maschinen auseinanderzuziehen, das geschieht aber nicht, im Gegenteil, immer neue werden hineingepfercht — wenn die Beine besser halten würden, könnte man die Arbeit noch ertragen.
Dennoch behaupte ich, ist die Hitze im Sommer mehr als unerträglich, man könnte manchmal aus der Haut fahren, laut schreiend die Bude verlassen, verrückt werden. Die Luft verpestet, die Kehle trocken, Zigarette schmeckt nicht, ein kaum beschreibbarer, süßlicher Geschmack im Halse, verlangt geradezu nach kühler Flüssigkeit. Die Erfahrung zeigte uns, daß das Bier das beste Mittel dagegen ist. Sogar der Chef hat nichts dagegen, daß wir einen trinken, er meint, er kenne keinen richtigen Gießer, der nicht zwei Flaschen trinkt — während

der Schicht. Durch Bier, wenn man etwas benebelt ist, stumpft man ab, der Akkord wird erträglicher, vorübergehend holt der Alkohol das Letzte aus dem schon übermüdeten Körper heraus.
In der letzten Zeit beschäftigen mich öfter trübe Gedanken. Meine Kräfte schwinden, und bald möchte ich die Klamotten in die Ecke schmeißen. Nur auf meine Bitte, mir eine leichtere Arbeit zuzuweisen, sagte mir mein Meister, ich könne ja gut die Bude kehren. So tief sinken wollte ich wiederum nicht. Außerdem würde das 3 Mark die Stunde weniger bedeuten. Und ich brauche ja Geld. Es bleibt mir nichts anderes übrig, als Zähne zusammenzubeißen. Indianer kennt keinen Schmerz.
Glaubt mir! Immer öfter habe ich so ein Gefühl, als ob man mich bald wie einen alten Lappen, mit dem man sich noch einmal die Schuhe putzt, wegschmeißen wird. Ich befürchte sogar, daß mich bald niemand kennen würde, weder mein Meister, noch meine Kinder. Leute, woran soll ich glauben?
Ich spüre eine unsichtbare Macht hinter mir. Angst? Und ich möchte so gerne noch meine zehn Jahre herunterrasseln und dann meine Rente genießen.«[1]

Dies ist ein Dokument heute erfahrener Leiden. Es ist ein ganz normaler Fall, weder die objektiven Bedingungen der Arbeit noch der psycho-physische Zustand dieses Arbeiters sind in irgendeinem Sinne außergewöhnlich oder extrem, was deutlich wird, wenn man sie mit anderen Beschreibungen der Arbeitswelt vergleicht oder den Statistiken über Invalidität nachgeht.
Der physische Schmerz nimmt in solchen Beschreibungen einen großen Raum ein. Kleine Verletzungen wie Haut-

abschürfungen, Brandblasen, Verbrennungen fallen dabei deswegen ins Gewicht, weil sie die Arbeitsleistung bzw. die Akkordstückzahl mindern. Schlimmer ist die wachsende Erschöpfung im Lauf eines Tages, die durch die einseitige, aber sehr intensive Beanspruchung weniger körperlicher Funktionen entsteht. Eine junge Schweißerin schreibt: »Der Feierabend kommt immer näher, das merkt man an den Augen und an den Armen. Die Augen schmerzen, und die Arme kann man gar nicht mehr bewegen.«[2] Erst nach Jahren solcher Formen der Arbeit treten die Erscheinungen des körperlichen Verschleißes auf, die in sehr vielen Fällen nicht behandelt werden, weil die Angst, krankgeschrieben zu werden und dann seinen Posten zu verlieren, groß ist.

Das psychische Leiden entsteht bei den jungen Arbeitern zunächst an der Monotonie der Arbeit. Die Hoffnungen, nebenbei etwas lernen zu können oder sich fortzubilden, schwinden. Eine Anpassung an die Sinnlosigkeit der Arbeit findet mehr und mehr statt, nur die Jüngeren, meist Berufsschüler, formulieren ihren Widerstand gegen diese Art Arbeit noch. Eine siebzehnjährige Akkordarbeiterin schreibt: »Ob jeder Mensch das aushält?... 5 Tage in der Woche werden wir von der Fabrik 9 Stunden tagtäglich verschluckt... Um glauben zu können, daß junge und ältere Menschen gerne in die Fabrik gehen, um den ganzen Tag dasselbe zu tun, fehlt es mir an Glaube.«[2] Die Abstumpfung, zum Beispiel gegen Lärm und Schmutz, schlechte Luft und geringe Bewegungsmöglichkeiten, wird in fast allen Berichten erwähnt. Die Arbeit enthält, durch immer ausgeklügeltere Zeitkalkulation, nicht nur für die Akkordarbeiter, immer weniger Möglichkeit, sie so oder anders zu tun. Von

einem »affektiven Gehalt im Rollenspiel« noch zu sprechen wäre schon Hohn. Die »repressiven Rollennormen« verdrängen und unterdrücken auch die Reste möglicher Ich-Leistungen[3]. Daß Arbeiter sich als Teil der Maschine empfinden, ist keine Redensart, sondern präziser Ausdruck der nicht-gefragten Ich-Leistung. Die psychische Beklemmung des älteren Arbeiters (»trübe Gedanken, eine unsichtbare Macht hinter mir, Angst«) entspricht der totalen Hoffnungslosigkeit der jüngeren.
Das dritte Kennzeichen des Unglücks, wie es hier geschildert wird, ist die Angst vor sozialem Abstieg (»so tief sinken«) und vor Isolierung. Diese Angst drückt sich bei den jungen Arbeitern aus als Angst, miteinander zu sprechen. Ein Teil des Leidensdruckes besteht darin, »daß die Leute nicht miteinander reden«. Daß die Kollegen über den Behinderten lachen oder einem Neuen nichts erklären, daß Gespräche in den Pausen in vielen Fällen nicht mehr stattfinden, Beziehungen nicht geknüpft werden, ist ein oft beobachtetes Faktum. Das Gefühl, »als ob man mich bald wie einen alten Lappen, mit dem man sich noch einmal die Schuhe putzt, wegschmeißen wird«, drückt diese soziale Dimension des Leidens adäquat aus. Dieser Text ist ein Dokument nicht nur des Leidens, sondern auch der Abhängigkeit. Sogar um den Produktionsausfall, der dem Unternehmer entsteht, wenn der verbrauchte Arbeiter ersetzt werden muß, macht der Ausgebeutete sich Gedanken! Sogar die Überstunden summiert er unter »Pflichtbewußtsein«, hinter dem allerdings, wie hinter jedem Satz dieses Textes, die Angst um den Arbeitsplatz steht.
Noch wehrt sich die Sprache gegen die externe wie die internalisierte Ausbeutung. Das Pathos des wiederhol-

ten »Glaubt mir, Leute!« geht gegen die benannte Realität an; wenn sich diese Bitte am Ende in die Frage: »Leute, woran soll ich glauben?« umkehrt, so ist es wie der Schrei eines von der Fabrik »Verschluckten« nach Verständnis, Anteilnahme, Solidarität — und darin, dem Sprechenden kaum bewußt, ein Schrei nach Veränderung. All diese Fakten sind bekannt, beschrieben und analysiert. »Es ist manchmal einfach nicht zum Aushalten«, schreibt eine Siebzehnjährige. »Doch ich muß eben durchhalten. Man kann es eben nicht ändern.«[4] Diese Hoffnungslosigkeit ist sehr charakteristisch. Die siebzehnjährige Akkordarbeiterin denkt nicht daran, daß sie ihr Leben in der Fabrik zubringen wird. Die Aussicht, durch eine günstige Heirat herauszukommen, die Illusion, bald, nächstes Jahr nicht mehr arbeiten zu müssen, der Tagtraum vom großen Los in der oder jener Form — all dies hindert sie mehr noch als den jungen Arbeiter, sich mit ihrer Klassenlage wirklich zu identifizieren[5]. Die spezifisch weibliche Erziehung hat sie auf die Rolle, ein Leben am Fließband zu verbringen, am wenigsten vorbereitet, wohl aber die gesellschaftliche Ohnmacht bereits internalisiert. Der Kapitalismus bietet als Aufhebung solcher gesellschaftlicher Leiden der Arbeiter bekanntlich nur den individuellen Aufstieg an. Damit fördert er zugleich die Teilnahmslosigkeit an Veränderungen, die allen zugute kämen. Das spezifische Angebot an die Frau ist nicht der berufliche Aufstieg, sondern der sexuell vermittelte; beide Angebote sind fast gleich illusionistisch. Alle Interessen und Bedürfnisse werden in einem extremen Sinn privatisiert, aber auch alle Schwierigkeiten und Leiden. »Ich« muß durchhalten, und »man« kann es eben nicht ändern — ein

»wir« existiert nicht. Es ist ein gesellschaftlicher Zustand, in dem das Leiden keinerlei Lernen mehr einschließt, in dem keine neuen verändernden Erfahrungen gemacht werden. Die Aussage vieler Arbeiter, daß sie »zufrieden« sind, stimmt mit dieser Unmöglichkeit, Veränderung überhaupt noch zu denken, überein. Gerade die, die »empfindlich und genau beobachten, aber niemals eine Veränderung erfahren haben oder bei Versuchen dazu gescheitert sind, können sich Veränderung nicht mehr vorstellen. Diese Erfahrung wird entweder fast aggressiv verteidigt, oder sie geht über in ein Sich-Abfinden.«[6]

2. Das stumme Leiden

Es gibt Formen des Leidens, die zum Verstummen zwingen, in denen kein Gespräch mehr möglich ist, in denen der Mensch aufhört, als menschliches Subjekt zu reagieren. Extreme äußere Bedingungen wie in Hungerlagern oder zerstörerische Psychosen sind solche Beispiele sinnlosen Leidens. Es ist sinnlos, weil die von ihm Betroffenen gar keine Möglichkeit mehr haben, sich so oder anders zu verhalten, Erfahrungen zu machen oder Maßnahmen zu ergreifen. In den deutschen Konzentrationslagern wurden die nur noch Dahindämmernden, die sich ihr Essen wegnehmen ließen, im Lagerjargon »Muselmänner« genannt, wohl wegen der Ergebenheit in ihr Fatum. Sie sind ein Beispiel solchen extremen Leidens, das zur Selbstaufgabe und Apathie im klinischen Sinn des Wortes führt.

Es gibt Schmerzen, die die Menschen blind und taub ma-

chen. Das Fühlen für andere stirbt, das Leiden isoliert den Menschen, es bezieht ihn nur noch auf sich selber. Die Anziehungskraft des Todes wächst in solchen Situationen — außer, daß es enden möge, kann man dann nichts mehr wünschen. Wie schon bei körperlichem Schmerz, etwa Zahnweh, alle anderen Organe unwichtig werden können, fühllos sind, man nur noch Zahn ist, so erst recht bei anhaltendem lebensbedrohendem Leiden, wie zum Beispiel in Hungerlagern. Alles übrige tritt als unwesentlich zurück, der Mensch konzentriert sich im Leiden wie in der Lust, nichts zählt mehr außer dem einen. Das extreme Leiden privatisiert den Menschen total, es zerstört seine Fähigkeit zur Kommunikation. Über diese Nacht des Schmerzes — im Wahnsinn, in der unheilbaren Krankheit — läßt sich nichts sagen. Menschen, die in ihr vegetieren, können von anderen nicht erreicht werden, auch wenn man den Versuch, sie zu erreichen, nicht aufgeben kann. Eine Theologie solchen Leidens zu entwickeln wäre der blanke Zynismus, weil Theologie ein Minimum gemeinsamer Erfahrung voraussetzt; verzichtet sie darauf, so kann sie nur noch Gerede, schlimmstenfalls Unterwerfungsformeln für andere produzieren. Wir können versuchen, diese Grenze der Sprache einige Schritte zu verrücken, indem wir auf das achten, was in den Berichten extremen Leidens an Sinngebung, an Menschlichkeit erscheint, aber wir können sie sowenig aufheben wie die Grenze des Todes. Die Achtung vor denen, die in extremis leiden, gebietet das Schweigen.
Die theologische Reflexion setzt daher nicht im extremen Leiden, sondern Stufen früher an. Ein übergroßes Leiden schließt die Veränderung und das Lernen aus.

Ein übergroßer Schmerz produziert nur blinde und kurzfristige Aktionen. Aber wann ist uns ein Schmerz übergroß? Jeder, der von einem Unglück betroffen wird, denkt ja zunächst, daß es nicht zu ertragen ist, und man wundert sich später, wieviel ein Mensch aushalten kann, viel mehr jedenfalls, als wir im Augenblick des Entsetzens vermuten. Die archaische Phase des Schmerzes, die wir immer wieder durchmachen (Phase 1), läßt uns dumpf und stumm zurück. Der übergroße Leidensdruck versetzt in total empfundene Ohnmacht, die Autonomie des Denkens, Redens und Handelns ist uns genommen. Wir sind vollständig situationsbeherrscht, und die kaum formulierte Klage gleicht eher dem Schrei eines Tieres.
Es gibt in der teilaufgeklärten Gesellschaft viele Erscheinungsformen solchen Leidens, das keine Sprache findet. Zwischen dumpfem Brüten und jäher Explosion gibt es keine andere Form der Expression. Solches archaische Leiden wirkt, weil Institutionen und Rituale den einzelnen nicht mehr absichern und ihm eine überpersönliche Sprache leihen, weil ein Lernprozeß aus dem Stummsein heraus nicht vollzogen wird, neurotisierend, häufig auch kriminalisierend. Die Teilziele der Aufhebung des Leidens können nicht differenziert werden, daher bleibt das Verhalten rein reaktiv, selbst die Wünsche sind verstümmelt. Es gibt Leiden, die kein Mensch auf die Dauer aushalten kann: entweder er verdrängt, stumpft äußerlich ab und bleibt so stumm wie zuvor — oder er wird krank — oder er beginnt am Leiden zu arbeiten.
Eine Voraussetzung für solche Arbeit ist das Bewußtsein, in einer veränderbaren Welt zu leben. Wer in einem statischen Weltbild lebt, in einer postfigurativen, das

heißt auf Nachahmung und Wiederholung bedachten Kultur lebt, wie die Frau in der unglücklichen Ehe, der kann Lernen und Veränderung nicht als das Entscheidende, das es im Leben zu lernen gilt, begreifen. Seine Haltung zum Leiden kann über das Hinnehmen und die Geduld nicht hinauskommen. Erst wo die Veränderung selber als wesentlicher menschlicher Wert begriffen und sozial anerkannt ist, da kann auch die passivistische Einstellung zum Leiden sich ändern.

3. Phasen des Leidens

Der erste Schritt der Überwindung ist dann, eine Sprache zu finden, die aus dem unbegriffenen und stumm machenden Leiden herausführt, eine Sprache der Klage, des Schreies, der Schmerzen, die wenigstens sagt, was ist (Phase 2).
»Glaubt mir, Leute!« Die Darstellung dieses Arbeiters ist ein Versuch, Kommunikation wiederherzustellen und die Situation, wenigstens in Ansätzen, zu analysieren, anders zum Beispiel als die Menschen bei Kroetz, die in der stummachenden Phase 1 verharren. Es ist ein Versuch, die Erfahrung einzuordnen. Die in der Arbeit total verdrängte Affektivität bricht hervor in der Darstellung der Schmerzen und der Ängste. Die Mischung von Rationalität und Affekten in solcher Sprache ist charakteristisch; eine rein rationale Sprache, etwa eine populär gehaltene wissenschaftliche Analyse der Situation, könnte nicht dasselbe leisten. Sie könnte die Leute Richtiges lehren, aber das Stadium des stummen Schmerzes (Phase 1) braucht nicht nur rationale Erkenntnis, bzw.

es kann sie gar nicht verwerten. Zuvor müssen Menschen lernen, sich selber zu formulieren.

Geht man davon aus, daß die Phase des dumpfen Schmerzes auch in unserer Gesellschaft das Normale ist, so kann die Phase der Expression nicht übersprungen und das Leiden nicht unmittelbar durch Handeln gelöst werden. Dabei würden zugleich die Bedürfnisse der Leidenden selber übersprungen; die Hilfe, etwa erreichte Mitbestimmung, gar Selbstbestimmung, würde ihnen nur übergestülpt, sie hätten sie nicht selber gefunden und erkämpft. Ihre Hilflosigkeit neuem Leiden gegenüber, anders bedingtem, gleichwohl aber nicht aufgehobener Entfremdung, bliebe bestehen. Die Erfahrungen in sozialistischen Ländern, die die Kulturrevolution nicht gleichzeitig mit der Revolution des Produktionsapparates betrieben haben, bestätigt dies. Ein Text wie »Glaubt mir, Leute!« ist ein gegenwärtiger Psalm. Noch können die Ziele nicht organisiert werden, noch erscheinen sie — wie im Gebet — als utopische Wünsche. Geschildert wird eine Passion, aber nicht mehr im Stadium der Unterworfenheit. Der Ausdruck »psalmische Sprache« bezeichnet hier weniger eine literarische Gattung als bestimmte Sprachelemente wie Klage, Bitte, Ausdruck der Hoffnung; charakteristisch ist auch die Betonung der eigenen Gerechtigkeit, der eigenen Unschuld. Das wiederholte »Glaubt mir, Leute!« nimmt genau den Platz ein, den in den alten Psalmen das »Höre mich, o Gott, höre mein Flehen« einnahm. Es ist eine Möglichkeit der Äußerung, die früher einmal die Liturgie bedeutet hat.

Sinn der Liturgie war es, Menschen in ihren Ängsten und Schmerzen und in ihrem Glück zu formulieren. In diesem Sinn könnte man von Gottesdienst in den Kirchen dann wieder reden, wenn es möglich wäre, daß ein Arbeiter, ein Lehrling, ein Kranker sich dort in seinem Schmerz formulierte. Dabei könnte sich herausstellen, daß die Begrenzung der Sprache der Unterschichten auf den »restringierten Code« (Bernstein) die Fähigkeit zur Expression nicht mindert, im Gegenteil; die Fähigkeit zur Expression hängt nicht vom elaborierten Code ab, soviel läßt sich schon heute an der Arbeiterliteratur ablesen.

Die Sprache der Phase 2 drängt allerdings über sich hinaus, auf Veränderung hin. Daher bildet sie nicht nur ab, was ist, sondern sie produziert neue Konflikte. Ein Selbstausdruck, der die Kommunikation zwischen den Klassen wiederherstellt, ist ja nicht als bloßer Selbstausdruck gemeint. Die Inhalte des Leidens können nun diskutiert, Befreiung kann organisiert werden (Phase 3). Dieser Prozeß selber ist schmerzhaft, er verstärkt zunächst das Leiden und hebt alle seine Verschleierungen auf. Es kann nicht mehr durch Demutsgesten abgeschwächt oder durch anthropologischen Pessimismus als das Immerwaltende, Allgemeine dargestellt werden, es wird apperzipiertes, wahrgenommenes Leiden, und nur unter diesen Bedingungen kann die neue Frage aufkommen, die heißt: Wie organisiere ich Überwindung von Leiden? Der Leidensausdruck solidarisiert in dieser Phase die Menschen, statt sie zu privatisieren. Das aktive ersetzt das bloß reaktive Verhalten, die Überwindung der Ohnmacht — und sei es vorerst nur in der Erfahrung, daß die gesellschaftlich produzierten Leiden bekämpft werden können — führt zur Veränderung auch der Strukturen.

PHASE 1	PHASE 2	PHASE 3
stumm	klagend	verändernd
dumpf explosiv		
sprachlos	bewußt, sprechen können	organisierend
Stöhnen	psalmische Sprache	rationale Sprache
tierische Klage	Rationalität und Affekt vermittelt	
Isolation	*Expression Kommunikation*	*Solidarität*
Leidensdruck privatisiert	Leidensdruck sensibilisiert	Leidensdruck solidarisiert
Autonomie des Denkens, Redens, Handelns verloren	Autonomie der Erfahrung (kann eingeordnet werden)	Autonomie des verändernden Handelns
Ziele nicht organisierbar	Ziele utopisch (im Gebet)	Ziele organisierbar
reaktives Verhalten		aktives Verhalten
situationsbeherrscht	an der Situation leiden und sie analysieren	die Situation mitbestimmen
Unterworfenheit	Passion	
Ohnmacht	*Annahme* und *Überwindung* in vorgegebenen Strukturen	*Annahme* und *Überwindung* der *Ohnmacht* in veränderten Strukturen

In diesem Phasenablauf wird darauf verzichtet, aus dem dumpfen, stummen Leiden Kapital zu schlagen mit Hilfe der Rede vom allmächtigen Gott. Eine Religion, die Menschen zu stabilisieren vorgibt, sie aber nicht einmal sprechen lehrt und sie daher neurotisiert, ist radikal zu kritisieren. Aber eine leidensunfähige positivistische Sprachlosigkeit, in der nicht einmal das Bedürfnis ver-

standen wird, aus der Stummheit in die Klage, in die Expression zu kommen, bessert nichts.
Ich halte das Stadium der Klage, der Artikulation, das Stadium der Psalmen für unaufgebbar, um in das dritte Stadium zu kommen, in dem Befreiung und Hilfe für den Unglücklichen organisierbar wird. Der Weg führt aus der Isolation des Leidens über die Kommunikation in der Klage zur Solidarität der Veränderung. Die Grenze zwischen Kommunikation und solidarischem Handeln ist offen, und die Schritte zwischen den beiden Phasen (2 und 3) können in beiden Richtungen geschehen. Noch erfährt das verändernde Handeln immer wieder seine Todesgrenzen, aber solche Frustrationen müssen nicht notwendig zurückführen in das dumpfe apathische Leiden, das verstummt. Sie können auch im Rahmen der Kommunikation in der Klage aufgefangen und verarbeitet werden. Die Ausweglosigkeit bestimmter Formen des Leidens — sei sie in den jetzt versteinerten Verhältnissen begründet, sei sie unabänderlich — wird ausgehalten, wo der Schmerz sich noch artikuliert. Seine Sprache übersteigt die Erfüllungen, die im Handeln der Phase 3 erreichbar sind, aber dieses Transzendieren ist gerade um des Erreichbaren willen notwendig; auch für die Toten muß geschrien und gebetet werden.
So etwas ist nur denkbar innerhalb einer Gruppe von Menschen, die ihr Leben — und das heißt auch ihr Leiden — miteinander teilen. Der eine kann dann der Mund des anderen werden, er kann seinen Mund auftun »für die Stummen« (Sprüche 38,8). Es ist der Sinn solcher Liturgien, Menschen nicht der Apathie zu überlassen.

4. Der stumme und der redende Gott

Eine der Bedingungen dafür, daß Menschen im Leiden nicht unverwandelt bleiben, daß sie nicht blind und taub werden für die Schmerzen anderer, daß sie vom bloßen passiven Erdulden zum produktiven humanisierenden Leiden kommen, ist die Sprache. Aber weichen wir dem Nachdenken über das Leiden nicht aus, wenn wir es in die Sozialität, in die Sprache zurückzubinden versuchen? Eine der wesentlichen Erfahrungen des Leidens ist doch gerade seine Asozialität, die Auflösung von Bindungen, die als gültig und tragfähig galten. Unter einem Leidensdruck zu stehen bedeutet immer, mehr und mehr zu vereinsamen. Die griechische Tragödie schildert diesen Prozeß, in dem die Beziehungen sich nacheinander auflösen und der einzelne reduziert wird auf sich selber.

Aber dieser Prozeß bedeutet in der Tragödie keinen Sprachverlust. Der Alleingelassene wendet sich zu den Göttern oder an die Mächte der Natur, oder er spricht mit sich selber. Der Monolog ist nicht nur eine dramaturgisch notwendige Sprachform, sondern er entsteht aus dem Verständnis des Leidens, das die Tradition entwickelt hat und das die Fähigkeit des Lernens und der Veränderung als das entscheidende Moment des Leidens begreift.

Thomas Müntzer hat einen seiner Aufrufe mit den Worten unterzeichnet:

> »Thomas Muntzer wil keinen stümmen,
> sunder einen redenden Got anbeten.«[7]

Er meint damit das »lebendige Wort Gottes aus Gottes

Munde selber« und nicht nur die »unerfahrene Bibel«, die nur einen »gedichteten«, einen fiktiven Glauben bedeutet. Aber die Überwindung des »stummen Gottes« ist nicht auf den Streit um das Schriftprinzip der Reformation begrenzt, der stumme Gott herrscht auch heute, wenn die Apathie Menschen dazu bringt, es nicht für wert zu halten, ihren Schmerz und ihr Leben zu formulieren. Das sei langweilig, nicht interessant, sagten die Arbeiterinnen, als man sie zum Schreiben über die Arbeit aufforderte[8]. Der stumme Gott setzt den tauben, den taubstumm gemachten Menschen voraus.

Das Leiden muß Sprache finden und benannt werden, und zwar nicht nur stellvertretend für viele, sondern in persona von den Leidenden selber. Es ist notwendig, daß Menschen zum Sprechen kommen, um nicht vom Unglück zerstört oder von der Apathie verschluckt zu werden. Es ist nicht wichtig, wo und in welchen Formen das geschieht, aber daß Menschen sich formulieren können, oder besser: sich ausdrücken lernen, was die nichtsprachlichen Möglichkeiten der Expression einschließt, davon hängt in der Tat ihr Leben ab; ohne die Fähigkeit, mit andern zu kommunizieren, kann es keine Veränderung geben, das Verstummen, die totale Verhältnislosigkeit ist der Tod.

Eine der traditionellen Möglichkeiten der Selbstformulierung ist heute wie verschüttet: das Gebet. Die Fähigkeit, in einen Dialog mit sich selber einzutreten, erscheint immer mehr Menschen als sinnlos und überflüssig. Dies wäre nicht weiter problematisch, wenn es andere, neue Möglichkeiten, sich zu formulieren, sich auseinanderzusetzen und — was aber das Reden voraussetzt — zu schweigen, gäbe. Wenn also der Verlust des

Gebets keine Verarmung bedeutete, wenn Selbstgespräch, Dialog und Diskussion alles das enthielte, was einst als Gebet gesagt, gestammelt, geschrien, geflucht und gewünscht wurde. Aber ist dies der Fall? Ist nicht umgekehrt der Reichtum der Expressivität und die Kraft des Wünschens geringer geworden? Hat nicht wachsende Apathie uns stummer gemacht? Hat nicht zum Beispiel in den Massenuniversitäten, aber auch in den Großraumbüros die Isolierung zugenommen und die Angst voreinander, so daß die Kommunikation geringer ist? Und hat nicht die disziplinierende Kälte technischer Abläufe auch unsere Wünsche diszipliniert, so daß auch das Selbstgespräch verstummt?
Zwar findet der Dialog des Menschen mit sich selber weiter statt. Das Gespräch zwischen dem Ich und dem Ich-Ideal ist nicht zu ersetzen oder abzulösen, es vollzieht sich weiter auch bei denen, die nicht beten in dem Sinne, daß sie sich an ein himmlisches Wesen bittend wenden. Die Frage, welche Weltanschauung einer hat, ob er theistisch oder nicht-theistisch denkt, ist unwesentlich; entscheidend ist, wer der Partner im Dialog des Menschen ist, Christus oder Mammon oder die eigene Vitalität. »Je nachdem, wer mitzureden hat, wer also im christlichen Sinn der ›Gott‹ des Betenden ist, wird das Ergebnis (die im Gebet erfolgende Veränderung des Betenden und seiner Welt) ein anderes sein.«[9] Wenn Menschen ihr Leben als schicksalhaft gegeben erfahren, so haben sie mit dem stummen Gott zu tun, und ihr Gebet kann nur auf das Sich-Abfinden hinauslaufen. Der stumme Gott bringt vor allem die Wünsche der Menschen zum Schweigen. Nach Jean Paul ist Beten »Wünschen, nur feuriger«. Es verlangt eine äußerste Anspan-

nung der Seele, eine Konzentration nicht nur des Willens und der bewußten Rationalität, sondern aller unserer seelischen Kräfte. Simone Weil hat diese vielleicht wichtigste Tugend, die durch Übung erlernbar ist, die »Aufmerksamkeit« genannt, die »den Abstand zwischen dem, was man ist, und dem, was man liebt, unablässig vor Augen hat«, die Aufmerksamkeit, aus der das schöpferische Vermögen entspringt und die auf ihrer höchsten Stufe das gleiche ist wie das Gebet. »Die von jeder Beimischung ganz und gar gereinigte Aufmerksamkeit ist Gebet.«[10]

Der Glaube tut hier, wie so oft, nichts zu einer vollständig und in ihrer Tiefe erfaßten Realität hinzu, er bietet diesem in der rückhaltlosen Aufmerksamkeit vollzogenen Gespräch nur Hilfen an: Sprachformen und Überlieferungen des Gebets, und er überführt dieses Gespräch des Menschen mit sich selber in den Stand der Bewußtheit, er bietet ihm in den überkommenen Sprachformen und der Tradition Hilfe an, vor allem aber unterscheidet er durch den Partner Christus die wahren von den falschen Bedürfnissen und gibt so dem zunächst natürlichen Gebet eine Tendenz, die umfassender ist als die privaten Wünsche, weil sie »das kommende Reich Gottes« meint.

Der Verlust des Gebets gehört, so verstanden, nicht in die Befreiungsgeschichte der Menschen, die sich aus unbegriffenen Zwängen lösen. Er ist nicht ein Fortschritt in aufgeklärtem Bewußtsein, sondern nur ein Produkt jener Arbeitsteilung, die Menschen in ein Bündel von Funktionen verwandelt. Die schöpferischen Fähigkeiten und die Möglichkeiten einer zweckfreien Expression, die im Gebet potentiell allen offenstanden, werden nun wenigen Spezialisten zugewiesen. In der Industriegesellschaft ist darum Beten »in sich ein subversiver Akt — ein Akt der ›unverschämten‹ Selbstbehauptung gegenüber dieser Welt«[11], ein Akt, in dem Menschen ihre Wünsche zu formulieren wagen und insofern anders mit ihrem Leiden umgehen, als die Gesellschaft es ihnen anempfiehlt.

Beten ist ein ganzheitlicher Akt, in dem Menschen den stummen Gott einer apathisch erlittenen Wirklichkeit transzendieren und zum redenden Gott einer pathetisch in Schmerz und Glück erfahrenen Wirklichkeit hingehen. Mit diesem redenden Gott hat Christus in Gethsemane gesprochen.

5. Gethsemane

Der Name dieses Ölbaumgartens ist ein Symbol geworden für das, was Menschen an Schmerzen durchleiden, ein Symbol der Angst und der Agonie. Man sagt, jeder habe sein Gethsemane.

Die Erfahrung, die Jesus in Gethsemane gemacht hat, ist unterschiedlich wiedergegeben worden. Lukas versucht, diese Erfahrung mit Hilfe eines Engels darzustellen, der den Betenden stärkt. Aber das würde es uns zu leicht machen: das Mirakulöse hat immer die Gefahr in sich, Jesus von uns zu trennen, ihm Privilegien zuzuweisen, ihm einen Sonderstatus, den er nicht hatte, anzudichten. Jesus bittet darum, verschont zu bleiben, das ist der Inhalt seines Gebets. Aber auf diese Bitte erhält er keine Antwort. Gott schweigt, wie so oft in der Geschichte der Menschen, Jesus bleibt allein mit seinem wiederholten Schrei, seiner Todesangst, seiner wahnsinnigen Hoffnung, seinem bedrohten Leben.

»Meine Seele ist betrübt bis an den Tod; bleibt hier und wachet mit mir« (Matth. 26, 38). Nicht einmal seine Freunde, mit denen er Wandern und Heilen, Aufgenommen- und Verfolgtwerden, Gespräch und Leben geteilt hat, bleiben bei ihm. Sie schlafen ihm weg wie Kinder, denen es zu lang geworden ist. Lukas, der ein Interesse daran hat, sie etwas besser wegkommen zu lassen, sagt, sie seien »vor Betrübnis« eingeschlafen. Aber es ist nur wie ein Glied in der Kette der Erfahrung, die Jesus macht: verraten, verleugnet, im Stich gelassen zu werden — und, das Harmloseste: seine Freunde schlafen zu sehen, wenn man sie braucht.

Es sind dies die menschengemäßen Haltungen dem Unglück gegenüber; deutsche Juden haben in der Nazizeit Ähnliches von ihren Freunden und Bekannten erfahren. Nadescha Mandelstam schildert das Verhalten unter den stalinistischen Säuberungen in denselben Kategorien: es gab Spitzel, die sich in den Besitz etwa der Wohnung des Opfers setzen wollten; es gab gute Freunde, die den Telefonhörer auflegten, wenn der Gezeichnete anrief; es gab Kollegen, die ihre Frauen zum Nachfragen schickten, weil sie selber leider »verreist« waren; und es gab Nachbarn, die gut schliefen, wenn das Opfer verhaftet wurde.

Mit Jesus wachen, nicht einschlafen während seiner Todesangst, die bis zum Ende der Welt dauert und alle Geängsteten meint, ist eine alte christliche Forderung, die allem natürlichen Verhalten zum Unglück widerspricht.

Es gibt zwei mögliche Mißverständnisse der Geschichte

von Gethsemane, das der Apathie und das der Exklusivität. Korrekturversuche im Sinne des Apathie-Ideals setzten schon früh ein: Man hat versucht, aus Jesus ein heroisches Wesen zu machen. Es war anstößig, daß er weinte und zitterte, daß er die Agonie erlitt. Schon Lukas hat diese Leidenszüge gemildert und Jesu Eingeständnis der Angst vor den Jüngern weggelassen. Spätere Handschriften tilgen — nach einem Bericht des Bischofs Epiphanius (um 375) — das Weinen Jesu hier und beim Untergang Jerusalems (Luk. 22, 43.44 und 19, 41), »aus Furcht, es geschehe sonst der Würde Jesu Abbruch«. Im modernen Verständnis liegt die Würde Jesu aber gerade in seiner Todesangst. Ein Mensch ohne Angst ist ein verstümmeltes Wesen, das sich selbst zu sehr verachtet, als daß es Angst um sich haben könnte. Die Angst ist ein Zeichen der Einwurzelung ins Leben; vor einem Menschen ohne Angst muß man sich fürchten, er ist zu allem fähig.

Das Interesse der Apathie ist das Interesse des Siegers. Aber geht Jesus als ein Sieger aus Gethsemane fort? Hat er den Kampf bestanden? Ist er getröstet worden? Rainer Maria Rilke hat in dem Gedicht »Der Ölbaumgarten« das Mißverständnis vom Sieger, der himmlischen Trost erhält, abgewehrt[12].

»Später erzählte man: ein Engel kam —.
Warum ein Engel? Ach es kam die Nacht
und blätterte gleichgültig in den Bäumen.
Die Jünger rührten sich in ihren Träumen.
Warum ein Engel? Ach es kam die Nacht.

Die Nacht, die kam, war keine ungemeine;
so gehen hunderte vorbei.

Da schlafen Hunde, und da liegen Steine.
Ach eine traurige, ach irgendeine,
die wartet, bis es wieder Morgen sei.«

Die Apathie, einst das Ideal eines Gottes, ist in diesem Gedicht ausgewandert zur Natur. Die Nacht, so oft ein Raum des Schutzes, der Verhüllung, bietet hier keinen Trost, sie blättert gleichgültig in den Bäumen, wie es in einer manieristischen Metapher heißt — sinnlose Bewegungen derer, die doch unbewegt sind. Apathisch ist die Natur, der Schmerz bleibt für die Leidenden übrig. Jesus hat in Gethsemane zwei vergebliche Versuche gemacht: er flehte seinen Vater um Schonung an, er bat die Menschen um Trost. In der Agonie dieser Nacht wird die Kreuzigung von Golgatha bereits durchlebt, nicht das abgeschwächte Leiden, wie die Kirchenväter es verstanden, wenn sie den Schrei Jesu am Kreuz »Mein Gott, warum hast du mich verlassen?« umzudeuten versuchten. Augustinus wollte diesen Schrei nicht wahrhaben; so könne nicht Jesus, so müsse Adam, der erste Mensch, in ihm geschrien haben. In Rilkes Gedicht sagt Jesus: »Ich finde dich nicht mehr. Ich bin allein.« Gerade das verbindet ihn mit allen Menschen und ihren gleichgültigen Nächsten.

Das zweite überkommene Mißverständnis ist das dogmatische von der Einzigartigkeit des Leidens und des Sterbens Jesu. Man betont dann wohl, daß Jesus mehr und anders als andere Märtyrer gelitten habe, weil er sich ausgestoßen und verflucht sah und Gott ihm im Leiden unfaßbar wurde[13]. Die Besonderheit Jesu, seine Unvergleichbarkeit, soll hier, da sie als leidensüberlegene Apathie nicht zu retten ist, wenigstens im »pathein«, im

Leiden erhalten bleiben. Diese Art der Fragestellung, die in einer Welt des nicht meßbaren Leidens Jesu Leiden absondern und aufwiegen will, um es als einzigartig verstehen zu können, ist eher makaber; es liegt nicht im Interesse Jesu, »am meisten« gelitten zu haben.

Umgekehrt, die Wahrheit des Symbols liegt gerade in seiner Wiederholbarkeit. So, wie hier geschrieben, kann es allen ergehen. Wo immer das Sterben sich wissend vollzieht, wo der Schmerz gelebt wird, da vernichtet er auch die frühere Gottesgewißheit.

Es gibt Zeugnisse von Menschen, die die Wiederholbarkeit des Symbols, und das bedeutet seine Aneignung, erweisen. Sie haben Gethsemane erfahren, die Angst vor dem Sterben, aber auch die Überwindung aller Ängste dort, wo der Becher des Leidens ausgetrunken wird bis zur bitteren Neige.

Eines der bewegendsten Zeugnisse ist das des jungen dänischen Matrosen Kim Malthe-Bruun, der einer Widerstandsgruppe angehörte und am 6. April 1945, 21 Jahre alt, von der Gestapo erschossen wurde. Während der vier Monate seiner Haft hat er sich immer wieder der Gestalt Jesu zugewendet und zu erfassen versucht, was es mit seiner Lehre und seinem Leben auf sich hat. In einem Brief vom 22. Januar 1945 schreibt er, »daß die Lehre Jesu nicht eine Lehre sein darf, die man befolgt, weil man es nun mal so gelernt hat ... In diesem Augenblick empfange ich als etwas vom Tiefsten, was ich von Jesus gelernt habe, daß man einzig und allein nach der Überzeugung seiner Seele leben soll.«[14]

Der folgende Brief, datiert vom 3. März 1945, berichtet von einer überstandenen Folterung; nach der Tortur ist Kim bewußtlos geworden. Am nächsten Tage schreibt er:

»*Ich habe seitdem über das Merkwürdige nachgedacht, was eigentlich mit mir geschehen ist. Gleich hernach fühlte ich eine unbeschreibliche Erleichterung, einen jubelnden Siegesrausch, eine so unsinnige Freude, daß ich wie gelähmt war. Es war, als ob die Seele sich vom Körper ganz frei gemacht hätte . . . Als die Seele wieder zum Körper zurückkam, war es, als hätte sich der Jubel der ganzen Welt hier versammelt, aber es ging damit, wie mit soviel anderen Genußgiften, als der Rausch vorüber war, kam die Reaktion. Ich wurde gewahr, daß meine Hände zitterten . . . Und doch war ich ruhig und von weit größerer Seelenstärke als je zuvor. Dennoch, ohne daß mir bange ist, ohne daß ich zurückweiche, klopft mein Herz jedesmal rascher, wenn einer vor meiner Tür stehenbleibt . . . Es ging mir gleich nachher auf, wie ich nun ein neues Verständnis für die Gestalt Jesu habe. Die Wartezeit, das ist die Prüfung. Ich versichere, ein paar Nägel durch die Hände geschlagen zu erleiden, am Kreuz zu sterben, ist nicht mehr als etwas rein Mechanisches, das die Seele in einen Sinnenrausch versetzt, der mit nichts anderem verglichen werden kann. Aber die Wartezeit im Garten, sie tropft von rotem Blut. — Noch eine merkwürdige Sache. Ich empfand überhaupt keinen Haß . . .«*

Etwa drei Wochen später schreibt er:

»*. . . Ich habe seitdem oft an Jesus gedacht. Ich kann die grenzenlose Liebe gut verstehen, die er zu allen Menschen gefühlt hat und besonders zu all denen, die mit dabei waren, seine Hände mit Nägeln zu durchbohren. Er stand hoch über jeder Leidenschaft von dem Augenblick an, da er Gethsemane verließ . . .*«[15]

Eine der präzisesten Beschreibungen des Schmerzes in unserem Jahrhundert stammt aus dem Tagebuch des italienischen Dichters Cesare Pavese, einem Buch, das voll ist von Erfahrungen des Leidens. Pavese hat auf der Höhe seines Erfolges den Entschluß gefaßt, nicht mehr zu schreiben, und sich kurz danach mit zweiundvierzig Jahren das Leben genommen.

»Der Schmerz ist in der Tat kein Vorzug, kein Zeichen von Adel, keine Erinnerung an Gott. Der Schmerz ist eine viehische und wilde Sache, banal und ganz umsonst, natürlich wie die Luft. Man kann ihn nicht betasten, er entflieht jedem Zugriff und jedem Kampf; er lebt in der Zeit, er ist dasselbe wie die Zeit; wenn er zusammenfahren läßt, so daß man schreit, so nur, um den, der leidet, weit unverteidigter zu lassen in den Augenblicken, die folgen werden, in den langen Augenblicken, in denen man die vergangene Qual noch einmal durchkostet und auf die folgende wartet. Dieses Zusammenfahren ist nicht der eigentliche Schmerz, es bezeichnet Augenblicke von Lebenskraft und ist eine Erfindung der Nerven, um die D a u e r des wahren Schmerzes empfinden zu lassen, die höchst verdrießliche, erbitternde, unendliche Dauer des Zeit-Schmerzes. Wer leidet, ist immer im Zustand des Wartens — Warten auf das Zusammenfahren und Warten auf das nächste Zusammenfahren. Es kommt der Moment, da man die Krise des Schreiens dem Warten auf den Schrei vorzieht. Es kommt der Moment, da man laut schreit, ohne daß es notwendig wäre, nur um den Strom der Zeit zu unterbrechen, nur um zu empfinden, daß e t w a s g e s c h i e h t, daß die ewige Dauer des viehischen Schmerzes einen Augenblick unterbrochen ist

*— sei es auch nur, um noch durchdringender zu werden. Manchmal kommt einem der Verdacht, daß der Tod — die Hölle — auch noch bestehen wird im Fließen eines Schmerzes ohne Zusammenfahren, ohne Stimme, ohne Augenblicke, alles Zeit und alles Ewigkeit, unaufhörlich wie das Fließen des Blutes in einem Körper, der nicht mehr sterben wird.
Die Kraft der Gleichgültigkeit! — sie ist es, die den Seinen erlaubt hat, zu dauern, unverändert Millionen Jahre hindurch.«*[16]

Pavese stellt den Schmerz dar, indem er die Zeit des Schmerzes zeigt. Diese Zeit ist gegliedert in Warten und Zusammenfahren, in das Warten auf den Schrei und die Krise des Schreis selber. Im Bereich biologischen Schmerzes ist es der Wechsel von Wehenpause und Wehe, und die Beobachtung, daß man laut schreit, ohne daß es notwendig wäre, weil die »Krise«, der »Schrei« oder das »Zusammenfahren«, also der Höhepunkt des Schmerzes, weniger schlimm ist als das Warten, trifft auch hier exakt zu. Aber Pavese versucht nicht, biologisch begründeten Schmerz, von dem man sich wenigstens zeitweilig distanzieren kann, darzustellen, sondern den existentiellen Schmerz, der alles Denken und Fühlen sich gegen uns zunutze macht, das Leiden, an dem man stirbt.
Die Gethsemanegeschichte erzählt den Schmerz Jesu, die Dauer wird durch das dreimalige Hin und Her zwischen den schlafenden Jüngern und dem Ort des Gebetes dargestellt. Man kann das wiederholte Beten als den »Schrei«, den extremen Höhepunkt auffassen und das Zurückkehren zu den Jüngern als das immer unerträglicher werdende Warten auf den Schrei.

Auch Kim spricht von einer doppelten Erfahrung, die er in der Folter gemacht hat: die »Wartezeit« Gethsemane und das Sterben am Kreuz, das leicht ist und die Seele in eine Art Euphorie versetzt. Nicht das Opfer ist schwer, es ist »etwas rein Mechanisches« — so wie Pavese vom »Zusammenfahren« sagt, daß es nicht der eigentliche Schmerz sei, sondern Augenblicke von Lebenskraft bezeichne. Schwer ist die »von Blut tropfende« Wartezeit. Wir wissen aus den Berichten solcher, die die Folter überlebten, daß die Qual des Wartens auf die Krise alle Zweifel im Gefolterten wachruft. Die eigene Identität wird zerbrochen, der Schmerz nimmt dem Bewußtsein das, um dessentwillen man litt, und läßt Menschen als leere Hülsen zurück. Warum soll man nicht die Namen der Freunde preisgeben? Sind sie nicht längst gefangen? Haben sie nicht ihrerseits längst gestanden und bekannt? Vielleicht hat Kim im Warten auf den Schrei dieselbe Erfahrung gemacht. Aber das Entscheidende für ihn ist es, den Todeskampf bestanden zu haben. Er ist nun stärker, haßloser, der grenzenlosen Liebe näher als je zuvor.

Es ist unmöglich, Jesu Leiden von dem anderer Menschen zu unterscheiden, als habe nur Jesus auf die Hilfe Gottes gewartet. Der Schrei des Leidens enthält die ganze Verzweiflung, deren ein Mensch fähig ist, und in diesem Sinne ist jeder Schrei Gott zugeschrien.

Jedes äußerste Leiden erfährt die Verlassenheit von Gott. In der Tiefe des Leidens verstehen sich Menschen als aufgegeben und von allem verlassen. Was dem Leben Sinn gab, ist leer und nichtig geworden: es hat sich als ein Irrtum herausgestellt, als eine Illusion, die enttäuscht worden ist, als eine Schuld, die nie wiedergutzumachen ist, als nichtig. Die Wege, die zu dieser Erfahrung des Nichts führen, sind verschieden, aber die Erfahrung der Vernichtung, die im andauernden Leiden geschieht, ist dieselbe.

Jedes Leiden, das als Bedrohung des eigenen Lebens erfahren wird, berührt die Gottesbeziehung, wenn wir diesen Ausdruck im strengen theologischen Sinn nehmen, das heißt nicht als eine Eigenschaft, wie Musikalität, die manchen Menschen zukommt, sondern als etwas, das jedem zu eigen ist als das, »worauf er sich verlässet« (Luther). Dieses (nichtexplizite) Gottesverhältnis wird im extremen Leiden angetastet. Der Grund, auf den das Leben gebaut war, das Urvertrauen in die je und je anders vermittelte Verläßlichkeit der Welt wird zerstört.

Die Erfahrung, die Jesus in Gethsemane gemacht hat, geht über diese Zerstörung hinaus. Es ist die der Einwilligung. Der Becher des Leidens wird zum Becher der Stärkung. Wer ihn geleert hat, der hat alle Angst überwunden. Der, der schließlich vom Gebet zu den Schlafenden zurückkommt, ist ein anderer als der, der fortging. Er ist klar und wach, er zittert nicht mehr. »Es ist genug. Die Stunde ist gekommen. Steht auf. Laßt uns gehen.« Ein Engel stieg zu Jesus sowenig herab wie zu andern Menschen — oder soviel. Beides ist wahr, es sind nur verschiedene Ausdrucksweisen, die Markus und Lukas gebrauchen. Man kann sagen, daß in jedem Gebet ein Engel auf uns wartet, weil jedes Gebet den Betenden verändert, ihn stärkt, indem es ihn sammelt und zu der äußersten Aufmerksamkeit bringt, die im Leiden uns abgezwungen wird und die wir im Lieben selber geben.

IV
Die Wahrheit der Annahme

»Ich hörte von alten Emigranten aus Spanien, daß ein Schiff mit Flüchtlingen von der Pest heimgesucht wurde. Der Kapitän warf sie auf einem unbebauten Ort ans Land. Viele starben vor Hunger, einige wenige rafften sich auf und gingen, bis sie etwa einen bewohnten Ort fänden. Einer der Juden hatte seine Frau und zwei kleine Söhne mit sich. Die Frau, des Marschierens ungewohnt, wurde schwach und starb. Der Mann trug die Kinder weiter, bis er ohnmächtig niedersank. Als er aufwachte, fand er beide Söhne tot. In seinem Schmerz stand er auf und sprach: ›Herr der Welten! Viel tust Du, damit ich meinen Glauben aufgebe. Wisse aber, daß ich sogar den Himmelsbewohnern zum Trotz ein Jude bin und ein Jude sein werde. Da wird nichts nützen, was Du auch über mich gebracht hast und noch über mich bringen magst.‹ Dann raffte er ein wenig Staub und Gräser auf, bedeckte damit die toten Kinder und ging seines Weges, um eine bewohnte Stätte zu suchen.«

AUS DER CHRONIK DES SALOMON IBN VERGA
»SCHEWET JEHUDAH«, 1550

1. Das wiedergefundene Licht

Es ist notwendig, sich die in der christlichen Tradition gedachte Haltung der »Annahme« des Leidens vor Augen zu führen — und dies nicht nur in einem historischen Sinn, also um die Zeiten, die keine anderen Möglichkeiten sahen, das Leiden zu verringern, besser zu verstehen, sondern auch, um für die Gegenwart zu lernen und unsere Bereitschaft und Fähigkeit des Annehmens mit der Überlieferung zu konfrontieren.
Die Stärke dieser Position ist ihr Verhältnis zur Realität, auch zur miserablen. Jede Annahme des Leidens ist Annahme dessen, was ist. Die Verweigerung jeder Form des Leidens kann eine Derealisierung zur Folge haben, in der der Kontakt mit der Realität immer dünner, immer bruchstückhafter wird. Es ist unmöglich, sich dem Leiden vollständig zu verweigern, es sei denn, man verweigere sich dem Leben überhaupt, man ginge keine Verhältnisse mehr ein, man machte aus sich einen Unverwundbaren. Schmerzen, Verluste, Amputationen sind auch im glattesten Lebenslauf, den man sich denken, nicht wünschen mag, gegeben — die Ablösung von den Eltern, das Verwelken der Jugendfreundschaften, das Absterben bestimmter Gestalten des Lebens, mit denen wir uns identifiziert haben, das Altern, das Wegsterben der Angehörigen und Freunde, schließlich der Tod. Je stärker wir die Realität bejahen, je mehr wir in sie eingetaucht sind, desto tiefer werden wir von diesen uns umgebenden und in uns eindringenden Prozessen des Sterbens berührt.
Ein bedeutendes Beispiel dieser Bejahung ist die Lebensgeschichte, die Jacques Lusseyran unter dem Titel

»Das wiedergefundene Licht« veröffentlicht hat. An zwei Stellen erscheint hier die äußerste Bedrohung durch das Unglück in seinen Dimensionen der physischen, psychischen und sozialen Zerstörung. Die erste Bedrohung durch Unglück geschieht, als der siebenjährige Jacques bei einem Schulunfall erblindet. Die elementare Bedrohung, die damit für sein psychisches und soziales Leben gegeben ist, wird durch seine Eltern, die ihn wie einen Normalen behandeln, aufgefangen; er selber nimmt sich als Blinder an und lebt mit einer überwältigenden Intensität seine Kindheit und seine Jugend.

»Jeden Tag danke ich dem Himmel dafür, daß er mich schon als Kind, im Alter von noch nicht ganz acht Jahren blind werden ließ ... Ein kleiner Mann von acht Jahren hat noch keine Gewohnheiten, weder geistige noch körperliche, sein Körper ist noch unbegrenzt biegsam, bereit, eben jene — und keine andere — Bewegung zu machen als die, welche ihm die Situation nahegelegt, er ist bereit, das Leben anzunehmen, so wie es ist, zu ihm ja zu sagen ... Die großen Leute vergessen stets, daß Kinder sich niemals gegen die Gegebenheiten auflehnen, es sei denn, die Erwachsenen selbst waren so töricht, es ihnen beizubringen. Für einen Achtjährigen ›ist‹ das, was ist, und es ist immer das Beste. Er kennt keine Bitterkeit und keinen Groll. Er kann zwar das Gefühl haben, ungerecht behandelt worden zu sein, doch er hat es nur dann, wenn ihm die Ungerechtigkeit von seiten der Menschen zuteil wird. Die Ereignisse sind für ihn Zeichen Gottes. Ich weiß ..., daß ich seit dem Tag, an dem ich blind wurde, niemals unglücklich gewesen bin.«[1]

Wie immer man diese umfassende, radikale Bejahung

ansieht und aus welchen physischen, psychischen und sozialen Ursachen man sie ableitet — das angenommene, rückhaltlos bejahte Leiden zeigt sich hier in seiner verwandelnden Kraft. Alle Schicksalhaftigkeit ist dem Leiden genommen, das Fremde, Böse, Unbegreifliche des Faktums, das »gerade mich« getroffen hat, ist in der Kraft der Annahme unwichtig geworden. Der kleine Jacques findet in sich »das Licht« wieder, er lernt »sehen«, er nimmt Menschen mit ihren Gerüchen und ihren Geräuschen wahr, und nur in Situationen der Unsicherheit und der Angst verläßt ihn das, was er das »Licht in mir« nennt.

»Wenn ich, anstatt mich von Vertrauen tragen zu lassen und mich durch die Dinge hindurch zu stürzen, zögerte, prüfte, wenn ich an die Wand dachte, an die halb geöffnete Türe, den Schlüssel im Schloß, wenn ich mir sagte, daß alle Dinge feindlich waren und mich stoßen oder kratzen wollten, dann stieß oder verletzte ich mich bestimmt ... Was der Verlust meiner Augen nicht hatte bewirken können, bewirkte die Angst: sie machte mich blind.«[2]

Was das Blindsein bedeuten kann unter andern Bedingungen, wenn die Annahme nicht geleistet wird, das schildert Lusseyran an einem parallelen Fall.

»Als ich fünfzehn Jahre alt war, verbrachte ich lange Nachmittage in Gesellschaft eines blinden Jungen meines Alters, der — das muß ich hinzufügen — unter ganz ähnlichen Umständen erblindet war wie ich. Selbst heute habe ich wenige Erinnerungen, die mir so peinlich sind wie jene. Dieser Junge erfüllte mich mit Schrecken: er

war das lebende Bild all dessen, was aus mir geworden wäre, wäre ich nicht so glücklich gewesen — glücklicher als er. Er war wirklich blind. Seit seinem Unfall hatte er nichts mehr gesehen. Seine Fähigkeiten waren normal, er hätte sehen können wie ich. Aber man hatte ihn daran gehindert. Um ihn zu schützen, hieß es, hatte man ihn von allem isoliert. All seine Anstrengungen, auszudrücken, was er empfand, hatte man verspottet. In seinem Kummer und seinem Rachegefühl hatte er sich in eine brutale Einsamkeit geflüchtet. Selbst sein Körper lag entkräftet in der Tiefe des Sessels. Und ich sah mit Bestürzung, daß er mich nicht mochte.«[2]

Die zweite Situation extremen Leidens, die Lusseyran erlebt hat, ist das deutsche Konzentrationslager Buchenwald, in das Jacques, der als neunzehnjähriger Gymnasiast eine Widerstandsgruppe leitet, verschleppt wird. Er übersteht Hunger, Kälte und eine aussichtslos erscheinende Periode der Krankheit und übernimmt dann, wie in der »Defense de France«-Gruppe Aufgaben für die anderen Häftlinge. »Man mußte dem Übel zu Leibe gehen ... Man mußte in dieser Atmosphäre des Wahnsinns, die im Lager herrschte, ein wenig Vernunft aufrechterhalten.«[3] Das sind sehr charakteristische Sätze. Jacques übernimmt die Information über die militärische Lage für seinen Block. Er sammelt, interpretiert und übersetzt die Nachrichten. Aber noch mehr:

»Ich konnte ihnen (den Mithäftlingen) zu zeigen versuchen, wie man am Leben bleibt. Ich barg in mir eine solche Fülle an Licht und Freude, daß davon auf sie überfloß. Seither (nach seiner Krankheit) stahl man mir weder mein Brot noch meine Suppe, kein einziges Mal

mehr. Man weckte mich oft bei Nacht und führte mich — manchmal recht weit — in einen anderen Block, damit ich einen andern tröste. Fast alle vergaßen, daß ich Student war: ich wurde ›der blinde Franzose‹. Für viele war ich sogar ›der Mann, der nicht gestorben war‹. Hunderte von Menschen vertrauten sich mir an. Diese Menschen wollten unbedingt mit mir sprechen. Sie sprachen mit mir französisch, russisch, deutsch, polnisch. Ich tat mein Bestes, um sie alle zu verstehen. So habe ich gelebt, so habe ich überlebt. Mehr vermag ich nicht zu sagen.«[3]

Das Buch ist ein Beispiel dafür, wie naturhaftes und durch Gewalt gegebenes Leiden überwunden werden kann unter extrem günstigen psychosozialen Bedingungen. Die Unterscheidung zwischen dem Leiden, das zufällig-natürlich einen Menschen trifft und das nicht aufhebbar ist, und jenem ganz anderen Leiden, das von Menschen für Menschen gemacht wird und dem sich der einzelne wie Jacques Lusseyran durchaus hätte entziehen können — diese Unterscheidung spielt keine Rolle. Die Kraft dieses Subjekts ist so ungebrochen, die Annahme des ganzen Lebens so stark, daß auf das Vermeiden, Umgehen des Leidens kein Gedanke verschwendet wird; die Theodizeefrage ist hier überholt von einer unbegrenzten Liebe zur Wirklichkeit.
Das Urvertrauen des Kindes ist ungebrochen, der Glaube, daß »denen, die Gott lieben, alle Dinge zum Besten dienen« (Röm. 8,28), erweist sich als wahr. Das Ich geht über das bloße Ertragen dessen, was ist, weit hinaus — es lebt die Liebe zur Wirklichkeit, es bejaht die Totalität, die gegenwärtig erfahren wird, auch in ihren schmerzhaften Bruchstücken.

Das überkommene Symbol dieser bejahten und geliebten Totalität ist »Gott«. Lusseyran benutzt dieses Symbol, ohne es eigens zu thematisieren, mit einer gewissen Selbstverständlichkeit. Aber nicht wie in der christlichen Traktatliteratur fungiert dieser Gott als einer, der im Leiden »oft hart mit uns umgehen muß« oder »der Sie jetzt Erfahrungen machen läßt, um die wir Sie nachher beneiden«. Alle Aktivität liegt hier vielmehr bei dem die Realität annehmenden und verwandelnden Menschen. Nirgends taucht die Frage auf, warum Gott dieses oder jenes verursacht habe — dieser Alles-macher-Gott spielt gar keine Rolle. Gott ist das Symbol für unsere unendliche Fähigkeit zu lieben. Thema ist hier das, wovon die Theologie kaum mehr zu sprechen wagt, weil sie fixiert ist auf das, was Gott uns gibt, bringt, verspricht oder versagt, Thema ist hier die Liebe *zu Gott*, zu einem allerdings, der nicht als fertiges Wesen über uns ist, sondern der, wie alles, was wir lieben, erst wird. Eine wirkliche Annahme der Realität kann nicht mit dem Hinweis auf den oft vergessenen Gott, der sich nun in Leid und Tod wieder meldete, erschlichen werden. Die Voraussetzung der Annahme ist eine tiefere Liebe zur Wirklichkeit, eine Liebe, die darauf verzichtet, der Wirklichkeit Bedingungen zu stellen. Erst wenn wir aufhören, einem Menschen Bedingungen zu stellen für den Fall, daß wir uns auf ihn einlassen, erst dann lieben wir ihn. Die christliche Tradition hat — mit Recht, wie mir scheint — die Liebe der Eltern zu ihren Kindern als ein Beispiel der bedingungslosen Liebe angegeben: die Kinder kann man sich nicht aussuchen oder vorprogrammieren oder bei Nichtgefallen umtauschen. Dasselbe gilt vom Verhältnis zur Realität, und das bedeutet: von der

Liebe zu Gott. Sie kann nicht von der Erfüllung bestimmter Bedingungen abhängig gemacht werden. Das »do ut des«-Prinzip (»ich gebe, damit du gibst«) hat hier nichts zu suchen, der »Geist der Kaufmannschaft«, wie Meister Eckart es nennt, ist hier ausgeschlossen; für die Liebe zu Gott — und nichts anderes ist die totale Bejahung der Wirklichkeit — gilt vielleicht eher der Satz des leichten Mädchens Philine aus Goethes Wilhelm Meister: »Daß ich dich liebe, was geht's dich an!«
Die Bejahung des Leidens hat, wo sie nicht erpreßt ist, einen mystischen Kern, der sich in Philines Satz ironisch und tiefsinnig zugleich formuliert. Es ist kein Zufall, daß in allem christlichen Nachdenken über das Leiden mystische Elemente auftauchen; man kann das Buch von Lusseyran als einen Kommentar zu den großen mystischen Erfahrungen — des Entwerdens, der Armut, des Lichts in der Seele — lesen. Das Empörende an der banalen Theologie der Traktate ist gerade ihre Ignoranz dieses mystischen Kerns. Sie ersetzen Mystik durch Masochismus. Sie verlangen nicht zuviel, sondern zuwenig von den Menschen — nur die Anerkennung eines höchsten Machthabers — und nicht die Liebe, die diesen Machthaber und seine Allüren längst überstiegen hat, die »sogar den Himmelsbewohnern zum Trotz« das Ja des Glaubens auch gegen alle Erfahrung sagt.

2. Mystische Leidenstheologie

Das entscheidende Moment in der Mystik des Leidens ist nicht, wie eine oberflächliche Kritik meint, seine Irrationalität, die das Leiden auf wunderbare Weise in ein ersehntes Gut verwandelt. Entscheidend ist vielmehr die Entmächtigung des Leidmachers durch eine Ich-Stärke, die im Leiden nicht zerstört wird. Das »aufgedeckte Angesicht« ist ein Bild Eckarts für den zwischen Gott und Mensch ununterscheidbar werdenden »grunt«. Daß die Liebe zu Gott stärker sein kann als jede Form des Unglücks, das ist der mystische Kern, der in seiner radikalen Absetzung des Herren-Gottes aller pfäffischen Theologie verdächtig sein mußte.

Die Angst aller »ordentlichen« vor aller »mystischen« Theologie hat hier ihren Grund. Triumphiert nicht in der Mystik die nur menschliche Liebe über einen mehr oder weniger impotenten Gott? Aber wer die Frage so stellt, der ist selbst noch im Schema von Machthabern und Ohnmächtigen, die einen »Religion« genannten Handel miteinander abschließen, befangen. Eben diesem Handel und diesem Schema samt seinen politischen Konsequenzen wird ein Ende gemacht, die »ganze Jenseiterei«[4] wird um des Menschen willen und in ihm aufgehoben. Es ist nicht mehr der Herrengott, sondern ein anderer, der nun »einzig als unser tiefstes Subjekt selber, als der innerste Zustand (nicht: Gegenstand) unseres eigenen Elends, unserer eigenen Wanderschaft, unserer eigenen unterdrückten Herrlichkeit« gilt[4]. Pfäffische Theologie beantwortet die Frage nach dem Leiden mit Unterwerfung. »Der Herr hat's gegeben, der Herr hat's genommen, der Name des Herrn sei gelobt.« Mystische Theologie beantwortet das Leiden mit einer Liebe, angesichts derer der »Herr« sich schämen müßte, weil sie stärker ist als er. Aber »der Herr« ist nicht mehr der Gegenstand dieser Theologie. »Hier umbe bitte ich got, daz er mich quit mache gotes.«[5]

Es ist paradox, aber wahr, daß die unbedingte Liebe zur Wirklichkeit das leidenschaftliche Wünschen ihrer Veränderung nicht im mindesten entmächtigt. Gott bedingungslos zu lieben bedeutet nicht, unsere konkreten Wünsche zu verleugnen und alles zu nehmen, wie es eben ist. Mystisch gesprochen kann sich die bedingungslose Liebe die irrsinnigsten Wünsche erlauben — sie kann sie beten, und sie kann an ihnen arbeiten —, eben weil sie die Existenz Gottes nicht abhängig macht von der Erfüllung der Wünsche.

Die mystische Liebe, wie sie in Philines Satz aufscheint oder wie der alte Jude sie formuliert, transzendiert jeden Gott, der weniger ist als Liebe. Der konkrete Ausdruck solcher Liebe ist nicht so selten, wie es scheinen mag. Die Erfahrung lehrt, daß Schmerzen und Leiden in bestimmten Situationen leicht ertragen oder kaum wahrgenommen werden. Entbehrungen, die sonst unerträglich erscheinen, werden spielend hingenommen, Gefahren nicht bemerkt, Ängste vergessen. Es ist die Konzentration auf eine größere Sache — sei es das Überleben oder das, was für ein menschliches Leben als notwendig angesehen wird, z. B. die Freiheit eines Volkes —, die die Einwilligung in das Leiden leicht und wie selbstverständlich macht. Der physische Schmerz des Gebärens, der immer wieder zur Metapher solchen Leidens gebraucht wurde, kann nicht verglichen werden mit dem sinnloser Nierensteine. Die Mystiker haben versucht, alles begegnende Leiden zu einem Geburtsleiden zu machen und alle Sinnlosigkeit aufzuheben.

Daß dieser mystische Kern der Annahme des Leidens Gefahren birgt, ist deutlich. Die Ich-Stärke des Überliebens kann Menschen in eine Art Rausch versetzen, der sich als Sucht nach Leiden, die die Gelegenheit zur Vereinigung mit Gott bieten, äußert. Aber der extreme und krankhafte Masochismus hat sich eher in asketischen als in mystischen Richtungen geäußert. Die Frage der Mystiker blieb die, wie Menschen dazu kommen können, Leid als Freude zu nehmen. Es ist also nicht die Frage der Theodizee, ob Gott die Leidenden bestrafen will, ob er sie vergessen hat, ob er sie dennoch oder gerade wegen des Leidens liebt. Schon die Fragestellung ist nicht mehr die des Kindes: Hast du mich auch lieb?, sondern die Erwachsener: Wie können Menschen ihre Liebe zu Gott realisieren? »Denen, die Gott lieben, muß auch ihr Betrüben lauter zucker sein«, heißt es noch bei Johann Franck, ähnlich wie bei Tauler, wo der Mensch dazu fähig wird »in leide liep, in sur suesse« zu nehmen. Die Frage ist, ob die »minnende kraft«, die voluntas Menschen zu einer solchen verwandelnden Art von Leiden führen kann.

Die mystische Theologie ist unter dem ungeheuren Leidensdruck des ausgehenden Mittelalters entstanden und spiegelt die Hilflosigkeit der Menschen in ihren Nöten und ihr Aufbegehren gegen sie wider. Die überkommenen Institutionen konnten den Menschen nichts sagen. »Gang selber zuo got«, ist eine Mahnung des 14. Jahrhunderts mit deutlicher Spitze gegen kirchliche Bevormundung und Sakramentalismus. Empfohlen wird nun »unseres herren marter, dessen nutzen also fry ist, da es einem weder papst noch pfaff verbieten kann«[6].

Die ketzerischen Laienbewegungen waren der Nährboden solcher Theologie; schon die Benutzung der deutschen Sprache war ein subversiver Akt, die päpstliche Bannbulle gegen Eckart hebt hervor, »er habe vor dem

gemeinen Volk vorgetragen, was geeignet sei, den wahren Glauben zu verdunkeln«, und seine Lehre müsse ausgerottet werden, »damit sie nicht ferner die Herzen der Einfältigen vergifte«. Die politischen Konsequenzen haben dann die Schüler Eckarts und Taulers gezogen, die revolutionären Täufer, die Hussiten, Thomas Müntzer im Bauernkrieg. »Ein Subjekt, das sich in Personalunion mit dem höchsten Herrn dachte, ihn so zugleich im Jenseits absetzte, gab, wenn es damit Ernst machte, einen äußerst schlechten Leibeigenen ab.«[7]
Die überkommenen theologischen Theorien reichten nicht mehr aus, wird doch in ihnen das Leiden in augustinisch-platonischer Art eingeordnet, so daß es selbst hinter dem daraus entspringenden Gut zurücktritt. Es wird zweckmäßig eingebaut, wobei die Zwecke selbst relativ verschieden sein können. Im Sinne Eckarts wäre das immer noch »Geist der Kaufmannschaft«. Wer nicht das Gute, sondern Gutes will, wer nicht Gott, sondern die Gabe Gottes will, wer immer um eines Warum willen handelt, der ist ein Kaufmann Gott gegenüber, er will durch sein Verhalten etwas von ihm erhandeln. Das Wirkliche ist ihm nur noch Mittel zu vorgestellten Zwecken — und verliert so gerade den Charakter des Wirklichen. Und Gott, der gern und umsonst gibt, wird verfehlt in solcher Berechnung. Die ganze Ethik Eckarts ist eine Lehre vom Handeln »sunder warumbe«. Die neuen Leidenslehren speisen sich nicht mehr aus den theologischen Summen, wie der des Thomas, sondern aus zwei andern Quellen, einmal den Consolatorien, die das Ideengut der Stoa aufnehmen, sodann aus den mystischen Strömungen, die Antwort geben, »warum es got seinen freunden so recht übel in der Zeit zurichtet«.

In der Mystik wird das Leiden Gegenstand sehnsüchtiger Liebe. »Ich spriche, daz nach got nie wart kein dinc, daz edeler si denne liden. und got ist allezit bi dem menschen, der im Leiden ist.«[8] Gemessen an der Leidenschaft dieser Annahme ist alle andere Leidenstheorie eine »dürftige, kalte, trotzige Fechterstellung«[9]. Von Seuse wird berichtet, daß er, als ihm nach längerer Zeit wieder Leiden geschah, sprach: »Gelobt sei Gott! Gott hat an mich gedacht und meiner nicht vergessen.«[10] Tauler erzählt von einem Priester, der zu Gott strebte ohne Leidensnachfolge und ohne durch die Menschheit Christi hindurchzugehen, und der daran zerbrochen sei. Bei Tauler und bei Eckart lassen sich drei Stufen des mystischen Weges unterscheiden: vom »liden« über das »entwerden« zum »gotliden«. Die erste Stufe des natürlichen Leidens ist hervorgerufen durch das Haften an der Endlichkeit, das Besitzen der Endlichkeiten »mit eigenschaft«, wie Tauler und Eckart sagen. Das mittelhochdeutsche Wort »eigenschaft« schillert zwischen unseren Wörtern »Eigentum, Eigenheit, Eigenschaft, Eigenbesitz«. »Mit eigenschaft besitzen« bezeichnet das ich-bezogene Besitzen der Dinge, worunter auch die eigenen Werke, ja sogar Gott rechnen kann. Der Mensch besitzt die Dinge für sich und ist darum von den Dingen besessen. Christus ist Vorbild für das Besitzen ohne »eigenschaft«: »Nu nim sine ... gebenediete armuote: himelrich und ertrich waz sin, und enbesaz es nie mit eigenschaft (Tauler).«[11] Aus diesem »mit eigenschaft besitzen« erwächst alles, was das Ich verletzen kann: Schmerz, Sorge, Trostlosigkeit, Angst und Verzweiflung. Die Kreaturbesessenheit bedeutet Leiden, aber nur ein passives, das dem Menschen aufgezwungen wird.

Die Loslösung von den mit eigenschaft besessenen Dingen, das »Herausgehen«, das »Entwerden« ist ein schmerzhafter Prozeß, er bringt den Menschen in Unfrieden, Angst und Finsternis. Doch hat dieses Leiden »nie die Passivität eines quietistischen Übersichergehenlassens«[12]. Leiden ist eine Art Veränderung, die der Mensch erfährt, sie ist ein Modus des Werdens. Das Werden heißt, nach scholastischer Lehre, »insofern es aus einem Tätigen hervorgeht: tun; insofern es von einem Empfangenden aufgenommen wird: leiden«. Tauler nimmt diesen Gedanken auf. Gottes Sein besteht im Sein-Geben, die Kreatur ist nichts anderes als Sein-Nehmen. »Wenn zwei eins werden sollen, so muß sich das eine leidend, das andere wirkend verhalten.«[12] Dieses Verhältnis zwischen Gott und Mensch als Wirken und Leiden ist aber durch die Erbsünde zerstört; der Mensch, der »mit eigenschaft besitzt«, kann nicht mehr »leiden«. Seine Vernunft ist von den Bildern der Endlichkeit besetzt, der »grunt« seiner Seele ist nicht »ledig«, daher muß er erst »entwerden« und dem Nichts ähnlich werden. Je mehr der Mensch entwird, »sich lidende hält«, um so mehr ist er für Gottes Wirken empfänglich; Leiden und Lassen werden Wirken und Haben entgegengestellt[12].

Es ist wichtig, sich klarzumachen, daß die Entgegensetzung nicht die von Aktivität und Passivität ist. Zum Leiden und Lassen gehört mehr »minne«, mehr Willen, als zum natürlichen Leisten und Besitzen, aus dem das nur weltliche Leiden der ersten Stufe folgt. Zu lernen ist das Lassen, aus dem die Gelassenheit folgt, die Abgeschiedenheit der Seele, das Armsein.

Erst diese Formen des Freiwerdens von der Verhaftung

an alles, »was die vriheit benimet« (Eckart), führen zum Stadium des »gotlidens«. Gotliden ist theologisch verstanden das Erfahren Gottes, die cognitio Dei experimentalis. Indem der Mensch herausgeht aus der Verhaftung an die Dinge, entspricht er dem Wirken Gottes wieder. Der Geist kann »in sich selber ein reines Erleiden« sein, Gott aufnehmen und mit ihm eins werden.
Diese mystische Linie der Leidensbejahung als Einswerden mit Gott hat in den Leidenstheologien nur in Kompromissen fortgewirkt. Die beiden Richtungen der stoisch und mystisch geprägten Leidenstheologie wachsen zusammen; die Zwölfmeisterlehre, die Stücke klösterlicher Mystik des 14. und 15. Jahrhunderts enthält, verbindet beide Tendenzen und bestimmt dann die kirchliche Auffassung bis zur Reformation. Der Mensch soll das Leiden als eine Gabe ansehen, »die ein getrewer frewnt dem andern gibet«. Kreuzesminne und stoische Ataraxie, die Tugend der Unerschütterlichkeit, werden miteinander vermischt, zu beider Schaden.

3. Ataraxie und Kreuzesminne

Ein Kompromiß zwischen der stoischen und der christlich-mystischen Auffassung des Leidens ist in der Sache unmöglich. Man muß die bildnerischen Darstellungen römischer Porträtkunst mit denen aus dem Herbst des Mittelalters vergleichen, um den Unterschied zwischen stoisch sich begrenzender Ataraxie und der »suezze« des mystischen Leidens zu sehen, man muß die nüchterne Sprache der mittelalterlichen Consolatorien mit ihrer Einteilung der verschiedenartigen Nutzen und Gewinne, die die Seele aus dem Leiden ziehen kann, mit der erotisch getönten Sprache mystischer Texte zusammenhalten, um die Unvereinbarkeit dieser beiden Typen, Leiden einzuordnen und zu bewältigen, zu erkennen. Selbstverständlich sind innerhalb der abendländischen Geschichte immer wieder Versuche unternommen worden, stoische und christliche Deutung zusammenzubringen, am bedeutendsten vielleicht in der barocken Tragödie. Aber der Ausgangs- und der Zielpunkt bleiben dennoch unvereinbar: der Stoiker negiert das Leiden und verwehrt ihm in der Geste der Ataraxie den Eintritt in seine Seele. Die Consolatorien des Mittelalters sind stoisch und asketisch orientiert. Ihr Ideal ist der »senex sapiens«, nicht der gotminner der Mystik. Ihre Anweisungen zur Leidensüberwindung stellen nüchternsachlich und unerbittlich einerseits die Möglichkeiten der Vermeidung von Leiden, andererseits den Nutzen des unvermeidbaren Leidens dar. Die mittelalterliche Stoa weiß, daß das wahre Glück des Menschen ausschließlich inwendig ist, unabhängig von äußeren Umständen und der nun oft sarkastisch-pessimistisch gesehenen Fortuna, der antiken Göttin des Glücks. Aus der Fortuna und dem Sich-ihr-Anvertrauten folgt Leiden; nur die Selbsterziehung zur Ataraxie kann demgegenüber Halt gewähren. Was die Menschen Übel nennen, ist nur scheinbar und rührt den Weisen nicht.

Diese geistige Linie setzt sich in der Renaissance fort und bildet einen »geschlossenen Typ von Leidenstheorie«, die notwendig den antiken Begriff des Fatums betont[13]. Der Wechsel des Lebensrhythmus enthält Leiden als etwas Natürliches. Die übernatürliche, das heißt die verändernde Bedeutung des Leidens tritt zurück.

Während in der mystischen Sprache die »Gelassenheit« den Zustand dessen benennt, der sich und alle Dinge gelassen hat und für Gott frei geworden ist, verschiebt sich später die Bedeutung des Wortes zur stoischen Leidensauffassung hin: die Quelle für Gelassenheit ist nun die Indifferenz, nicht mehr Gott; die Abwesenheit von Leidenschaften bringt Menschen zu einer weltüberlegenen Kälte, die mit einer Färbung von Resignation einhergeht.
Die äußere und verzerrte Form dieser Haltung ist die leidensunfähig gewordene Apathie. Der Versuch, dem Leiden den Eintritt in die Seele zu verwehren, ist ja nur möglich, wenn es ein begrenztes, zum Beispiel physisches Leiden ist und die Dreidimensionalität, von der Simone Weil spricht, nicht erreicht hat. Die Nacht der Gottverlassenheit wird hier nicht erfahren; es ist unmöglich, vom Gott Logos verlassen zu werden.
Ein bedeutender Repräsentant dieser Haltung in unserem Jahrhundert ist der späte Brecht. Die Ratschläge, die er für das Verhalten dem Leiden gegenüber, das durch politische Gewalt verursacht wird, gibt, laufen alle auf ein Sich-klein-, Sich-unberührbar-, Sich-unempfindlich-Machen hinaus; nur wer die Distanz bewahrt, wird überleben. Der alte stoische Rat, im Verborgenen zu leben, klingt hier nach. Die Ataraxie verbindet sich zugleich mit Gleichmut und List. Sie spart sich auf für den Tag, der nach den finsteren Zeiten der Gewalt kommt[14].
Auch Freud nähert sich in seinem Verständnis des nicht abwendbaren Leidens der stoischen Linie. Man kann seine Religionskritik auffassen als eine Kritik der falschen, übertriebenen Erwartungen und Wünsche der Menschen. »Unser Gott λογος wird von diesen Wün-

schen verwirklichen, was die Natur außer uns gestattet
... eine Entschädigung für uns, die wir schwer am Leben leiden, verspricht er nicht.«[15] Logos und Ananke bezeichnen gegenüber der »Illusion«, die die Religion darstellt, den wahren Gott. Die Anerkennung dieses Gottes bringt das Ertragen des als kulturell notwendig verstandenen Leidens mit sich.

Sozial und politisch gesprochen ist die Ataraxie ein Oberklassenideal, so wie der apathische Gott nicht der Gott der kleinen Leute und ihrer Schmerzen ist. Die vorhandene Welt und der vorhandene Mensch sind in der stoischen Weltfrömmigkeit als gut, die Welt gar als »die vollkommene Stadt des Zeus« angesehen, so daß jedes Aufbegehren undenkbar, ja töricht erscheinen muß.

Anders das christliche Verständnis des Leidens, wie es in der Kreuzesmystik sich ausprägt. Die Haltung dem Leiden gegenüber ist nicht die der Verhütung, des Vermeidens. Für die Religion der Sklaven und der Armen ist das Vermeiden und das »im Verborgenen Leben« keine reale Möglichkeit. Der mystische Weg weist in die entgegengesetzte Richtung: Die Seele öffnet sich dem Leiden, sie gibt sich ihm hin, sie hält nichts zurück. Sie macht sich nicht klein und unberührbar, distanziert und unempfindlich, sie wird vollständig vom Leiden berührt. Die äußerste und verzerrte Form dieser Haltung ist der Masochismus. Ihre Verzerrung besteht darin, daß die erwartete Lust der Befreiung schon vorweggenommen wird, Weg und Ziel vertauscht werden. Aber die echte Annahme des Leidens ist niemals eine Selbstgenügsamkeit, die jetzt schon, in des Teufels Wirtshaus, beruhigt und befriedigt wäre. Die Annahme des Leidens, nicht in der Geste der Unerschütterlichkeit, sondern in der der

Hingabe, entspringt einem anderen Verhältnis zur Zukunft. Der Gott des »Siehe, ich mache alles neu« (Offb. 21,5) kann selber jetzt nicht sein, ohne am Alten zu leiden. Versprochen ist nicht nur eine Wiederherstellung des naturhaft Guten nach dem Sturm der Gewalt, sondern die Aufhebung aller Gewalt, aller Schmerzen. Darum rücken im christlichen Verständnis des Leidens Mystik und Revolution so nahe zusammen.

»Dan Got redt alleine in die Leidligkeit der Creatüren, welche die Herzen der Ungleubigen nicht habn.«[16] Diese »Leidligkeit«, das heißt das erfahrene Leiden und die Fähigkeit des Leidens, ist es, die den Menschen stärker macht als alles ihm Begegnende. Gemeint ist nicht nur, daß es besser ist, Unrecht zu leiden als Unrecht zu tun, obwohl dieser Gedanke in seiner Abweisung der Illusion der Neutralität bei der christlichen Verklärung des Leidens eine Rolle spielt. Entscheidend für die christliche Mystik ist aber erst, zu wissen, daß der, der Unrecht leidet, auch stärker (nicht nur moralisch besser) ist als der, der Unrecht tut. »Gott ist allezeit bei dem Leidenden« enthält nicht nur Trost, sondern auch Stärkung: Abweisung aller Strafideologie, die so brauchbar war für die Zementierung der Privilegien und der Unterdrückung. Es gibt einen mystischen Trotz, der gegen alles Verhängte und höhererseits Angeordnete rebelliert und an der gefundenen Wahrheit festhält. »Gott selber zum Trotz, den Seelen und allen Kreaturen zum Trotz, den Engeln zum Trotz (sage ich), daß sie die Seele, wo sie Bild Gottes ist, von Gott nicht zu trennen vermöchten!«[17] Das ist die Fortführung dessen, was Paulus im Römerbrief gedacht hat: »Nichts kann uns scheiden von der Liebe Gottes« (Röm. 8, 39).

Der christliche Gedanke der Annahme des Leidens bedeutet mehr und anderes als in den Worten »dulden, ertragen, erleiden« ausgedrückt ist. Bei diesen Wörtern bleibt der Gegenstand, das Leiden selber, unverwandelt. Es wird getragen — als Last, erduldet — als Unrecht; es wird ertragen, obwohl unerträglich; erlitten, obwohl unleidlich. Dulden und Ertragen weisen eher auf stoische Unerschütterlichkeit hin als auf christliche Annahme. Das Wort »nehmen« mit seinen Zusammensetzungen mit »an, hin, auf, über« bedeutet, daß der Gegenstand der Annahme selber verwandelt wird; was ich »nehme«, das gehört in einem andern Sinn zu mir als das, was ich nur trage. Ich »nehme« einen Gast auf, einen Antrag an, ich übernehme einen Auftrag, ich sage ja, ich erkläre mich bereit, ich willige ein in, ich stimme überein mit...

4. *Das Affirmative im Christentum*

Diese Haltung der Annahme steht immer wieder unter einem doppelten ideologischen Verdacht. Individuell gesehen erscheint sie als Masochismus (vgl. S. 32), gesellschaftlich gesehen als Affirmation. Sie ist »affirmativ«, befestigend den Zuständen gegenüber, sie wird gesehen als eine falsche Versöhnung, als eine naive Identifikation mit dem, was keineswegs sehr gut, sondern nur »ist«. Ist sie nicht nur verschleierte Unterwerfung? Mit all den gesellschaftlichen Folgen, die der im Christentum betriebene Kult des Leidens gehabt hat? Jahrhundertelang ist dieser Kult des Leidens als Werkzeug zur Rechtfertigung des Unrechts und zur Unterdrückung schamlos ausgenutzt worden. Die Leidensannahme ist ein wesent-

liches Element der »Pietät« gewesen, um ein Schlüsselwort für das, was der traditionelle Religionsbegriff beinhaltet, zu nennen, »die fromme Bindung an das Göttliche oder das Heilige auf der einen und deren soziologisch objektivierten Gestalt auf der andern Seite«[18]. Aus dieser religiösen Pietät wurde die den sozialen und politischen Zuständen entgegengebrachte Hinnahme der Realität, wie sie nun einmal ist, abgeleitet. Es ist allerdings evident, daß diese Periode der Pietät heute zu Ende geht, zumindest in der Frage der Leidensannahme. Pietät bedeutet in diesem Bereich nicht mehr Hinnahme, sondern Absicherung vor dem Leiden um fast jeden Preis. Pietätlos ist es, nicht versichert zu sein, keine Vorsorge-, Abwehr- und Versteckmaßnahmen gegen das Leiden getroffen zu haben.
Beide Einwände gegen eine christliche Annahme des Leidens, der des Masochismus und der der Affirmation, treffen eher vergangene als gegenwärtige Praxis. Die religionsfrei gewordene und zur Apathie neigende Gesellschaft versteht sich besser auf Affirmation, als die Reste religiöser Kultur es können. Das alte Junktim von Annahme personal erfahrenen Leidens und Affirmation des gesellschaftlich verhängten Zustandes, der Leiden notwendig macht, besteht nicht mehr. Die Affirmation wird nicht durch Leiden erzwungen und bedarf erst recht keiner religiösen Vermittlung. Jedes Leiden, vor allem das ausgesprochene, nicht-versteckte, ist heute bereits ein Widerspruch zum Bestehenden. Wenn die Stimme der Religion früher ein »Tragt's in Geduld« wiederholte, so entsteht heute die Affirmation an ganz anderen Stellen, wo den Menschen ihr unaufhörliches und jederzeit bereitstehendes Glück verkündigt wird,

durchaus im Interesse des Bestehenden. Nur das unterschlagene Leid kann zur Affirmation benutzt werden.
Das gilt auch für scheinradikale Formulierungen, die im Gewande der Aufklärung die »Abschaffung« des Leidens als seine Beantwortung empfehlen. Nicht »annehmen, sondern abschaffen« heißt dann die Parole dem Leiden gegenüber, als ob damit die Fragen, auch nur eine einzige, die das Leiden stellt, beantwortet werden könnten! Es ist dies eine Art umgekehrter Unterwerfungstheologie, nur heißt der Herr, der's gegeben und genommen hat, nun nicht mehr Gott, sondern die zukünftige Gesellschaft, und sie verspricht: Der Herr, der's gegeben hat, wird es später nicht nehmen. Sicher ist es notwendig, jedes persönliche Leid gesellschaftlich zu vermitteln, das heißt, es einmal auf seine gesellschaftlichen Ursachen hin zu befragen, sodann aber auch die Art, wie es gelitten und verarbeitet wird, in ihrer gesellschaftlichen Bedingtheit zu erkennen. Aber damit ist noch nicht alles gesagt. Wenn der Kapitalismus versucht, den Leuten weiszumachen, alles Unglück, das sie treffe, sei ihre persönliche Sache, ihr Pech, von ihnen im Ertragen zu leisten, so ist mit einem Sozialismus, der das Gegenteil behauptet, noch nichts geändert. Die konkrete Ohnmacht bleibt dann denen überlassen, die heute in einer falschen Gesellschaft falsch leiden. Der Ausdruck »abschaffen« verdinglicht das Leiden, das Tätigkeit, Praxis von Menschen ist, zu einem an- und abschaffbaren, käuflichen Gegenstand.
Ähnlich ist auch Bazon Brocks provokatorische Bemerkung zu verstehen: »Der Tod, diese verdammte Schweinerei, muß endlich abgeschafft werden. Wer ein Wort des Trostes spricht, ist ein Verräter.« Die Substanz eines

solchen Denkens ist faschistisch: der Tod darf nicht mehr interpretiert, integriert, beweint und mit Trost umgeben werden. Er muß zu einem Ding gemacht werden, dem alle menschliche Praxis genommen ist. Ist er erst ab-, so ist er auch an-schaffbar. Die Subjekte des Abschaffens sind jedenfalls nicht die sterblichen Menschen, sondern eine Hypostase der Gesellschaft, die Wissenschaft. Diesem Gott fällt dann die Aufgabe zu, zwischen lebenswertem und lebensunwertem Leben zu unterscheiden.
Hinter vielen dieser Überlegungen stehen Versuche, das Problem des Leidens aus seiner globalen Allgemeinheit herauszuholen und es durch verschiedene mögliche Einteilungen in den Griff zu bekommen. Die wichtigste dieser Unterscheidungen ist die von biologisch gegebenem und sozial verursachtem Leiden, hofft man in ihr doch auch die Unterscheidung von Leiden, die wir beheben können, und solchen, die wir höchstens lindern können, zu gewinnen. Wie aber gerade der Fall des erblindeten Jacques Lusseyran zeigt, bedeutet die natürliche Ursache so gut wie nichts gegenüber der sozialen Lage, die Bewältigung auch der natürlichen und irreversiblen Leiden hängt entscheidend von ihr ab. So wäre alles Leiden abhängig von der Lage, die Menschen für Menschen gemacht haben, und der Anteil der rein natürlichen Leiden reduzierte sich auf ein Minimum. Daß alles Leiden soziales Leiden ist, bedeutet dann, daß an allem Leiden zu arbeiten ist; kein Leiden kann mehr mit dem Anschein des Fatums verkleidet und verklärt werden. Dann wäre es aber auch nicht nötig, das natürliche Leiden, eben als bloß natürliches, zu entwichtigen gegenüber dem »abschaffbaren« gesellschaftlichen. Im Gegenteil: die Hilfe, die eine Gesellschaft ihrem natürlichen Leiden, also etwa

den unheilbar Kranken zuordnet, ist ein Maßstab ihrer Humanität. Problematisch wird der Versuch der Einteilungen, wo man »falsches« und »richtiges« Leiden unterscheiden zu können glaubt. Sicher ist das Leiden der proletarischen Massen objektiv wichtiger als das eines einsamen Künstlers. Aber diese Art »Objektivität«, total angewandt, zerstört jede Wahrnehmungsfähigkeit für das Leiden überhaupt. Jede Einheit kann einem größeren Ganzen gegenüber relativiert und entwichtigt werden. Im Gesamtprozeß der Weltgeschichte verdampfen die Leiden sowieso. Die Verrechnung von Leiden gegeneinander ist ein makabres Schauspiel.

Wir sollten es uns nicht leicht machen und unterscheiden wollen zwischen richtigen und falschen Leiden, zwischen proletarischen und kleinbürgerlichen, zwischen den Schmerzen eines Kindes und denen einer Gruppe von Guerilleros, zwischen denen eines Künstlers wie Kafka oder Pavese und denen einer kleinen Verkäuferin.

Es gibt kein falsches Leid. Es gibt eingebildetes, unechtes, geheucheltes, anempfundenes, vorgespieltes Leiden, aber die Aussage, daß jemand am Falschen oder am Richtigen leide, setzt eine gottgleiche, alles durchdringende Vernunft voraus, die die historisch überholten Leiden von denen, die jetzt an der Zeit sind, zu unterscheiden vermag, statt diese Entscheidung den Leidenden selber zu überlassen. Auch die Schmerzen von Kindern, die leicht aufgehoben werden können, sind Leiden, weder richtig noch falsch. Der Realität am nächsten scheint mir die Einteilung in sinnloses und potentiell sinnvolles Leiden zu kommen. Es gibt sinnloses Leiden, an dem Menschen nicht mehr arbeiten können, weil es sie in allen wesentlichen Kräften zerstört hat.

Von diesem sinnlosen Leiden möchte ich, einem Gedanken Paul Tillichs folgend, das Leiden unterscheiden, das sinnvoll sein kann, weil es zu Maßnahmen treibt und insofern verändert. Tillich sagt, im Christentum werde gefordert, »daß man das Leiden als ein Element der Endlichkeit mit Mut auf sich nimmt und die Endlichkeit trotz des mit ihr gegebenen Leidens bejaht«[19]. Es ist deutlich, daß die christliche Religion eine ungeheure Bejahung des Leidens ausspricht, stärker als in vielen anderen Weltanschauungen, in deren Mittelpunkt nicht das Symbol des Kreuzes steht. Aber diese Bejahung ist nur ein Teil der großen Liebe zum Leben überhaupt, die Christen mit dem Wort »Glauben« ausdrücken. Glauben können heißt soviel wie jasagen zu diesem Leben, zu dieser Endlichkeit, an ihr arbeiten und sie offenhalten für die versprochene Zukunft.

»Ein Geschehnis der Welt nicht hinnehmen, heißt wünschen, daß die Welt nicht sei.« Diese Formulierung Simone Weils klingt extrem, drückt aber genau die Sünde der Verzweiflung aus, der die radikale und bedingungslose Bejahung der Wirklichkeit zerstört ist. Das Leiden kann uns dazu bringen, daß wir wünschen, daß die Welt nicht sei, daß Nichtsein besser ist als Sein, es kann uns verzweifeln machen und unsere Fähigkeit zur Affirmation zugrunde richten. Wir hören dann auf, Gott zu lieben. »Wünschen, daß die Welt nicht sei, heißt wünschen, daß ich, so wie ich bin, alles sei.«[20] Dieser Wunsch ist der Zustand der Sünde: der Mensch ist auf sich selber verkrümmt, der Schmerz hat ihn auf sich selber zurückgebogen, er ist ohne Zukunft und kann nichts mehr lieben. Er ist sich alles, das bedeutet, er ist tot. Um leben zu können, brauchen wir Affirmation. »Fast ein jeder hat die Welt geliebt, wenn man ihm zwei Hände Erde gibt.«[21]

In diesem Sinn hat das Christentum tatsächlich einen »affirmativen« Kern; so wie Menschen, die es wagen, ein Kind in diese Welt zu setzen, sich »affirmativ« verhalten. Christlich gesprochen ist die Bejahung des Leidens ein Teil des großen Ja und nicht, wie es manchmal scheinen kann, das einzige und entscheidende, hinter dem die Bejahung des Lebens ganz verschwindet. Die Bibel spricht von Gott als dem »Liebhaber des Lebens« (Weish. Sal. 11,26) und drückt so die unendliche Bejahung der Wirklichkeit aus; Jesus von Nazareth hat diese unendliche Bejahung gelebt, er hat gerade die an sich gezogen, die am Rande oder ausgestoßen lebten, wie Frauen und Kinder, Prostituierte und Kollaborateure. Er hat die, die überall verneint wurden und gezwungen, sich selbst zu verneinen, bejaht. Vor dem Hintergrund dieser Bejahung des Lebens, auch des kranken, beschädigten, leistungsschwachen Lebens, muß man das Verständnis der Annahme des Leidens, wie es im Christentum entwickelt wurde, sehen. Es ist ein Versuch, das ganze Leben als sinnvoll anzusehen und es zu gestalten als Glück. Es ist unendliche Bejahung endlicher Wirklichkeit. Der Gott, der Liebhaber des Lebens ist, will nicht das Leiden der Menschen, auch nicht als ein pädagogisches Mittel, sondern ihr Glück.

5. Hiob ist stärker als Gott

Noch könnte die Annahme verstanden werden als ein Sich-Beugen vor dem, was wir nicht ändern können, was

stärker ist als wir. Gemeint ist aber eine Überwindung, aus der wir besiegt und stärker zugleich hervorgehen. Lusseyran verlor seine Augen und fand das Licht. Annehmen heißt nicht, daß die Blinden blind bleiben sollen. Auszug aus dem bestehenden Leiden ist das größte Thema der Bibel, ein Exodus aus Unterdrückung und gewaltsam aufgezwungener Arbeit, aus kollektiv erfahrenem, von den Herrschenden willkürlich verhängtem Leiden. Das Leiden der Kinder Israel in Ägypten ist in der Schrift keiner theologischen Deutung unterworfen, es wird nicht abgeleitet aus dem Willen eines allmächtigen Gottes; umgekehrt: Allmacht und blinde Willkür gehören dem Pharao zu, der Fronvögte einsetzt und die Normen der Arbeit heraufsetzt. Die Form der Unterdrückung ist die erpreßte Arbeit der Sklaven, Bauten und Feldarbeiten, »lauter Arbeiten, zu denen man sie mit Gewalt anhielt« (2. Mose 1, 14).
Das Leiden des Volkes wird also nicht mit Hilfe des Gedankens der Strafe oder der Prüfung erklärt und abgeschwächt oder in Ergebenheit verwandelt. Das Leiden ist da: blind, tyrannisch, absurd. Das ganze Volk ist betroffen, und das ganze Volk wird herausgeführt. Der Gott des Exodus ist nicht der, der Leid verhängt und es dann, mit gleicher Willkür, wieder aufhebt. Das Leid ist vielmehr da, geschichtliche Gewalt, aus der Angst der Ägypter vor Unterwanderung geboren, durchaus rational erklärt. Gott hat mit diesem Leiden nichts zu schaffen — außer, daß er auf der Seite der Be-leidigten ist.
Anders nun die zweite große Geschichte vom Leiden im Alten Testament. Sie betrifft einen einzelnen, der in einem märchenhaften Land und märchenhaften Glück

lebt. Gott läßt zu, daß dieser unschuldige und Gott fürchtende Mann bis aufs äußerste gequält wird. Die Erfahrungen, die Hiob macht, sind denen des Volkes in Ägypten nicht unähnlich, weil das äußerste Leiden und die Verzweiflungen einander ähnlich sind. So vergleicht Hiob sein Leiden mit »dem Sklaven, der nach Schatten lechzt«, und dem »Tagelöhner, der auf Lohn hofft« (Hiob 7, 2). Aber Gott ist nicht mehr auf der Seite der Sklaven, der Unglücklichen und Beleidigten, er spielt in diesem Buch eine andere Rolle.
Diese Rolle ist mehrdeutig. Der Dichter probiert Gott die verschiedenen Rollen an. In der Rahmengeschichte, dem Volksbuch von Hiob, ist Gott der Prüfende, der dem Satan gewisse Grenzen setzt, sich gleichwohl aber auf das Experiment einläßt. Gott ist also einer, der Menschen ausprobiert, um sie zu bewähren, der sie testet, nicht für einen bestimmten Job, sondern für das Leben in Gerechtigkeit, für das Heil.
Der Test, die Prüfung, das Experiment mit der Treue, der Wahrheitsliebe, der Gerechtigkeit eines Menschen ist in der ganzen älteren Literatur ein Motiv, das dem tyrannischen Herrscher zugehört. Der antike Mythos, aber auch das Märchen ist voll von Geschichten, in denen ein absolut Überlegener dem Kleinen und Schwachen eine Probe vorschlägt, sei es im Wettkampf, sei es, daß der Schwache unmögliche Leistungen vollbringen muß. Die Sphinx vor den Toren Thebens gibt Rätsel auf; der Riese fordert das tapfere Schneiderlein auf, Wasser aus einem Stein zu pressen; der Hirtenjunge darf die Prinzessin heiraten und wird nicht enthauptet, wenn er ein Meer austrinkt oder einen Palast in einer Nacht an eine andere Stelle versetzt; der König im Rumpelstilzchen

befiehlt der armen Müllerstochter, Stroh zu Gold zu spinnen... Der Charakter dieser Könige, Herren oder Riesen im Märchen ist der des Despoten, der die Bedingungen des Spiels so festsetzt, daß kein Mensch Hoffnung haben kann, sie zu erfüllen. Häufig erfindet der Prüfende auch dann, wenn der Geprüfte alles geleistet hat, noch weitere, schwerere Bedingungen. In einigen Märchen kommt es dann so weit, daß der, der alles erfüllt hat und der dennoch weiter um sein Recht sich betrogen sieht, dem König den Kopf abschlägt.

Bei den Wettkämpfen, die einer mehr schwankhaften späteren Phase angehören, sind die Bedingungen doch relativ fair, so daß List und Witz ausreichen, sie zu erfüllen: das Schneiderlein drückt Wasser aus einem Käse, Jack füllt den Pudding, den er nicht mehr essen kann, in einen Beutel. Die echten Prüfungen dagegen sind so gestellt, daß der Mächtige selber sie nicht erfüllen könnte: um so größer ist dann der Triumph des Kleinen, dem die Tiere, die Geister oder ein Zaubermittel helfen, wenn er die Prüfung besteht. Die ganze Kreatur, oft auch Sonne, Mond und Sterne werden aufgeboten, dem Schwachen gegen den Übermächtigen zu helfen. Ist die Prüfung bestanden, so erlischt das Recht des Mächtigen, solche Prüfungen zu veranstalten.

Es hat sich als Gewaltrecht herausgestellt. Das Menschenexperiment ist am Menschen selber zuschanden geworden. Der Mythos spricht diesen Gedanken nicht abstrakt aus, so wie Kant sagt, daß jedes Verhalten, das einen anderen zum Mittel mache statt zum Zweck, unmoralisch sei; der Mythos überführt die Prüfenden selbst ihres Unrechts. Sie werden entmachtet, indem die Prüfung wider Erwarten und wider den Willen des Tyrannen bestanden wird. Dies ist aber nur möglich bei einem absolut »reinen«, zwiespaltlosen Wesen, das den Tod nicht scheut. Nur der, der bereit ist, sich zu opfern, oder — weil diese Formulierung noch zu heroisch-moralisch klingt — der waffenlos und unschuldig bloß im Bewußtsein seiner Unzerstörbarkeit in die Prüfung geht, wird den Prüf-Gott entmachten können.

Die Prüfungen, die Hiob ertragen muß, sind nicht weniger absurd und grausam; auch hier wird ein Menschenunmögliches, das der Prüfende selber niemals leisten könnte, verlangt. Der Despot diktiert die Bedingungen des Spiels; die anderen Bedingungen, die Hiob immer wieder vorschlägt, werden nicht angenommen. Hiob wird einem Experiment unterworfen, so wie Häftlinge in deutschen Konzentrationslagern medizinischen Experimenten unterworfen wurden, übrigens auch sie mit der Bestimmung, daß, wer wider Erwarten überstand, vorläufig am Leben blieb.

An einem Punkt unterscheidet sich allerdings die Hiob-Dichtung von den in den Mythen beschriebenen Prüfungen, das sind die geforderten Inhalte: in den Märchen sind es Leistungen, bei Hiob wird der menschliche Schmerz zum Thema der Prüfung. Die Besonderheit der Hiobdichtung ist gerade, daß das realistische Thema des Leidens verbunden wird mit dem Motiv des tyrannischen Prüfers.

Wie reagiert nun Hiob auf die Prüfung? Man muß hier zwischen dem alten Volksbuch, in Prosa geschrieben, und der wesentlich jüngeren, diesen Rahmen füllenden Dichtung unterscheiden. Im Volksbuch hält Hiob an seiner Frömmigkeit fest, was ihm sein Weib zum Vorwurf macht. Es ist tatsächlich die affirmative Kraft in

Hiob. Er verwirft den naheliegenden Rat: »Fluche Gott und stirb!«, er bringt sich nicht um, sondern er leidet, er bleibt, er klagt an, er kämpft. Der gute Ausgang der Sache bestätigt, daß Hiob sich nicht von Gott lossagte und somit die Prüfung bestand.
Anders in der Dichtung: Was Fluch oder Absage bedeuten könnte, ist hier zwar nicht formuliert. Aber nicht aus der Frömmigkeit, die das Volksbuch Hiob zuschreibt und die ihn im ganzen Orient zum »Dulder«, dem sogar das Kamel den Namen »abu Eyyub«, Vater Hiob verdankt, gemacht hat. Der Hiob der Dichtung weist über die harmlosen Formen der Absage hinaus: er lehnt es ab, sich zum Prüfungsobjekt machen zu lassen. Hiob ist stärker als Gott. Hiob tut das, was der Märchenheld erst nach bestandener Prüfung tut, nämlich das Prüfwesen abschaffen, im Vollzug der Prüfung selber. »Laß ab von mir! Ein Hauch nur sind ja meine Tage. Was ist doch der Mensch, daß du ihn groß achtest und daß du dich um ihn bekümmerst? Daß du ihn heimsuchst jeden Morgen und jeden Augenblick ihn prüfst?« (Hiob 7, 16—18). Die Psalmstelle, die hier höhnisch benutzt wird, besagt das genaue Gegenteil, im Psalm wird die Größe des Menschen, den Gott wenig niedriger als die Engel gestellt habe, besungen (Psalm 8, 5 f.). Hiob nimmt Gott bei seinen eigenen Worten, die den Menschen als Herren über die Schöpfung, als Krone der Schöpfung darstellten, und konfrontiert sie mit der Realität. In Wahrheit ist er ein wehrloses Objekt des Prüfenden, eine »Zielscheibe« (7, 20) für die »Pfeile« voller Gift (6, 4). Der tyrannische Charakter Gottes erscheint in einer Reihe von Bildern: Gott jagt den Menschen wie der Löwe das Wild (9, 16), er erlegt ihm Frondienst

(10,17) auf wie einst Pharao in Ägypten, er ist der Treiber der Gefangenen und der Herr über Knechte (3,18 f.), sein Handeln wird benannt mit Ausdrücken wie: unterdrücken (10,3), verwerfen (10,3), vernichten (10,8), niederreißen (16,13), einkerkern, irreführen, zu Toren machen (12,14 ff.); er ist es, der den Mennschen »überwältigt« und »sein Antlitz« entstellt (14,20).

Eine Prüfung dieser Art kann nur aus der Willkür eines Tyrannen kommen; die Sinnlosigkeit der Prüfung steht von vornherein fest, der allwissende Gott weiß auch, daß Hiob schuldlos ist (10,6 f.), und brauchte dem nicht nachzuforschen.

Hiob läßt sich nicht ein auf das tyrannische Modell der Prüfung, in dem der Machtlose die Bedingungen vom Mächtigen zudiktiert bekommt. Er besteht gegen das Spiel, das Gott mit ihm treibt, auf Recht und verlangt Gerechtigkeit. Der Gott des Exodus redete mit Mose »wie ein Mann mit seinem Freund« (2. Mose 33,11). Hiob besteht auf dem gleichen Recht, aber es wird ihm verweigert.

Die zweite mögliche Rolle wird Gott von den Freunden Hiobs zugedacht, und sie versuchen, diesen Gott Hiob selber glaubhaft zu machen. Es ist die des Strafenden, der die Verfehlungen der Menschen unnachsichtlich rächt. Die Freunde denken, ähnlich wie Calvin, das Leiden müsse auf Verfehlung zurückgeführt werden. »Besinne dich doch: Wer verdarb je unschuldig, wo wurden Gerechte vernichtet?«, und geradezu unerträglich naiv weiter: »Soviel ich gesehen: Die Unrecht pflügen und Unheil säen, die ernten es auch« (Hiob 4,7 f.).

Daß Gott den Frommen nicht verwirft (8,20), steht für sie fest, es ist mit Gottes Gerechtigkeit gegeben. Folglich muß das Leiden auf Unrecht des Menschen zurückzuführen sein, und wo dieses nicht sichtbar ist, da muß man es suchen — in sich selber, durch Selbsterforschung oder mit Hilfe anderer. Aber Hiob läßt sich eben seine Unschuld nicht ausreden, er besteht darauf, einen Rechtsstreit mit Gott zu führen, in dem seine Unschuld klargestellt würde. Zugleich weiß er, wie sinnlos diese Annahme ist, daß Gott sich dem gerechten Gericht unterordnen würde: »Ich soll ja nun einmal schuldig sein, warum denn mühe ich mich umsonst?« Und in einem der Bilder, die das ganze Ausmaß des Unglücks, das sich zurückwendet gegen das eigene Ich und den Menschen sich selber zum Ekel macht: »Wenn ich mich schon wasche mit Schnee und mit Lauge reinige meine Hände, dann würdest du mich in Unrat tauchen, daß meine Kleider vor mir einen Abscheu hätten« (9, 29 ff.). Gott ist nach Hiobs Einsicht der, der Schuldlose wie Schuldige vernichtet (9, 22); das Wissen davon, im Recht zu sein (13, 18), besagt demgegenüber nichts. Das Wesen Gottes ist »Gewalt« und nicht »Recht«, er beugt das Recht und herrscht mit bloßer Gewalt (19, 6 f.).

Eigentlich müßte nach der Eindeutigkeit dieser Absage das Dogma vom Strafcharakter des Leidens für immer verstummt sein. Es ist fast unbegreiflich, daß es sich durch die Jahrtausende im Rahmen derselben Kultur, die die Hiobdichtung hervorgebracht hat, erhalten und immer wieder erneuert hat. Die Freunde Hiobs sterben nicht aus.

Die einfachste Erklärung dafür scheint mir das von Simone Weil beobachtete Phänomen zu geben, daß die Menschen sich von Natur aus dem Unglück gegenüber so verhalten wie die Hühner, die sich mit Schnabelhieben auf ein verwundetes Huhn stürzen. Jedermann »verachtet die Unglücklichen mehr oder weniger, obgleich fast niemand sich dessen bewußt ist«[22].

Die Idee des Strafleidens ist nur die theologische Hypostase dieser Verachtung. In ihrer bei Hiobs Freunden auftauchenden Gestalt hat sie alle Wahrheit verloren, nämlich die aus der prophetischen Tradition stammende Funktion der Strafdrohung, die aber nicht orakelhaft sicher eintritt, sondern abhängig bleibt von dem Verhalten der Bedrohten. Zurück bleibt das stupid wiederholte: Leiden ist Strafe für Schuld. Elihu versteigt sich sogar bis zum offen sadistischen Wunsch: »Ach, würde doch Hiob fort und fort geprüft, weil er entgegnet nach Art der Frevler« (34,36). So sind die »Freunde« in der Tat eher Freunde des Leidmachers als Freunde des Opfers. Das entspricht den Instinkten: der Abwehr, der Abgrenzung, der Angst vor Ansteckung, vor Befleckung — Gesetze unseres Empfindungsvermögens übrigens, denen der Unglück-Leidende ebenso unterliegt wie die Betrachter. »Diese Verachtung, dieser Abscheu, dieser Haß kehren sich bei dem Unglücklichen gegen ihn selber, dringen in das Innerste der Seele ein ...« Daher beteuert Hiob seine Unschuld mit solchen Schreien der Verzweiflung, »weil es ihm selbst nicht mehr gelingt, daran zu glauben, weil er in seiner Seele die Partei der Freunde ergreift«[23]. Das Bewußtsein der Unschuld wird im Leiden »zu einer abstrakten, einer toten Erinnerung«. In den Berichten derer, die über lange Zeit verhört und gefoltert wurden, gibt es ähnliche Erfahrungen der Selbstzerstörung, des Selbsthasses und Ekels. Das Unglück besudelt alles, was der Mensch ist, Gott würde Hiob aufs neue »in Unrat tauchen« (9,31). Entsprechend ist »das Mitleid mit dem Unglücklichen eine Unmöglichkeit. Wenn es sich wahrhaft ereignet, ist es ein Wunder, staunenswürdiger als das Wandeln auf dem Wasser, die Heilung der Kranken und sogar die Auferweckung eines Toten.«[23] Man muß die Erfahrungen, die Simone Weil als Fabrikarbeiterin in den dreißiger Jahren gemacht hat, dazunehmen; sie hat die »Condition ouvrière« als die Lage Hiobs verstanden.

Hiob kann nicht mehr darauf hoffen, Gott in einen Rechtsstreit zu bringen, er hat, wie in politischen Säuberungsprozessen des 20. Jahrhunderts, die »Klageschrift«, die sein Widersacher schrieb (31,35), nicht in Händen. Gott hat ihm sein »Recht genommen« (27,2). Er klagt nicht nur für sich persönlich, sondern er stellt die alte Frage, warum es den Gottlosen so gut geht (21,7), verschärft und neu als Theodizeefrage, warum der Allmächtige das Unrecht duldet (24,12). Warum er das Leiden der Unterdrückten und Ausgebeuteten mitansieht, ohne einzugreifen.

Diese Frage ist in der »Brautzeit Israels« nicht gestellt worden, der Gott des Exodus war selber die Antwort auf die Erfahrung der Unterdrückung. Ist sie aber einmal radikal gestellt, so läßt sich im Rahmen des Gottesverständnisses, in dem Gerechtigkeit und Allmacht zusammengedacht sind, keine Antwort geben. Hiob ist stärker als Gott: Hiobs Denken muß zum Atheismus führen, aus moralischen Gründen.

Aber neben der Rolle des gerecht Strafenden wird Gott noch eine dritte Rolle im Buch Hiob zugewiesen. Schon die Freunde vermischen ja das Strafargument, das immerhin Einsicht in die begangene Schuld voraussetzt, mit dem der bloßen Unterwerfung. Angesichts der absoluten Reinheit Gottes kann ein Mensch nicht »rein« sein (4,17). Gott traut nicht einmal seinen Engeln und Dienern (4,18; 15,15), »rein« sind nicht einmal Sonne und Mond (25,5) — wie dann der Mensch, der nun konsequent »Made« und »Wurm« genannt wird! Die Aufforderung zur Unterwerfung steht also in einem nicht gerade von der »frohen« Botschaft erleuchteten Zusammenhang des anthropologischen Pessimismus. So redet der mild-klerikale Eliphas Hiob väterlich zu: »Befreunde dich doch mit ihm und halte Frieden! (Mit dem, den Hiob zuvor einen Mörder, der Schuldlose wie Schuldige umbringt, genannt hat! 9,22) Nimm doch Belehrung an ... Wenn du dich zum Allmächtigen bekehrst in Demut, das Unrecht fernhältst deinem Zelte ... ja, dann wirst du dich am Allmächtigen erfreuen« (22,21 ff.). Empfohlen wird Hiob: die Augen niederzuschlagen, zu bitten; und in den Elihureden ganz unverhüllt: zu »gehorchen und sich zu unterwerfen« (36,11). Wohl ist in den Reden der Freunde die brutale Macht immer noch bemäntelt durch die vorausgesetzte und betonte Gerechtigkeit Gottes. In den Antworten aber, die Gott selber schließlich dem Hiob gibt, spielt sie substantiell keine Rolle mehr. Es sind Antworten auf einer völlig anderen Ebene, nämlich der der Natur. »Wo warst du, als ich die Erde gründete?« (38,4), fragt Gott den Hiob und bietet ihm dann in siebzig weiteren Fragen aus dem Bereich der Wunder der Natur eine erhabene Demonstration der Macht des Schöpfers und der totalen Unwichtigkeit des Menschen. Neben den Beispielen der Kosmogonie erscheinen krude und sinnlose aus der Tierwelt — und selbst wenn die Hymnen auf Behemoth, das Nilpferd, und den Leviathan, den Meerdrachen, spätere Einschübe sind, so passen sie doch gut ins Bild dieses Gottes, der zwar den Ozean, als er aus seiner Mutter Schoß hervorkam, in Windeln wickelte (38, 8 f.), der Tau und Blitze sendet und die Bande des Siebengestirns knüpft (38, 31), der aber auf das menschliche Leiden keine Antwort weiß als die der Unterwerfung. Was ist der Mensch, gemessen an Ozeanen und Sternwelten, an den erhabenen Erscheinungen der Metereologie, an der Dauer der Natur! Ein Nichts, ein Sandkorn, ein Wesen, das einfach wegen seiner Unbedeutung, seiner kosmischen Nebensächlichkeit kein Recht hat.

Dieser Gott ist ein Naturdämon, der mit dem Gott des Exodus und dem der Propheten nichts zu tun hat. Den Propheten haben nicht die Untiefen der Meere, sondern das Recht, das wie Wasser fließt, einst Gott offenbart. Selbst der Gott der Schöpfungsgeschichten mit ihrer eindeutigen Theologie auf den Menschen hin, auf das menschliche Reich hin hat hier nichts zu suchen. Daß Hiob sich am Schluß des Buches diesem jenseits von Gut und Böse angesiedelten Machtwesen unterwirft, ist unglaubhaft, weil es unerträglich ist. Ernst Bloch versucht, die Gewitterszene, die mit Hiobs Konformismus endet, zu verstehen als »Deckung der Häresien, auf deren Bekundung es vor allem ankam«[24].

Dann erhebt sich aber die Frage nach einer anderen, einer vierten Deutung Gottes, die den »Aufruhr« Hiobs, seine Rebellion (23, 2), ernst nimmt und ein anderes Verständnis Gottes aus ihr entwickelt. Diese Deutung knüpft an eine im Text verderbte und umstrittene Stelle an, als Hiob von dem »goel« als Zeugen seiner Unschuld und Schuldbefreier spricht (19, 25). Das Wort goel, in der Tradition meist mit redemptor, Erlöser, übersetzt, hat die Bedeutung »Anwalt« oder, archaischer, die von »Bluträcher«. Hiob appelliert gegen den Mördergott, der das Recht bricht, an einen andern Gott. »O Erde, decke mein Blut nicht zu, mein Schreien finde keine Ruhstatt! Schon jetzt, siehe, lebt im Himmel mir ein Zeuge, mir ein Mitwisser in der Höhe« (16, 18 f.). Diese Stelle wird noch überboten durch die vom Bluträcher, der am Leben ist, vom Zeugen der Unschuld und dem Schuldbefreier, den Hiob mit eigenen Augen sehen wird (19, 25 ff.). Dieser Helfer, dieser wahre Freund sprengt alle im Buch Hiob angebotenen Gottesrollen: er ist weder der willkürliche Prüfer noch der seine absolute Reinheit durch Besudeln wahrmachende Rächer, noch der Herr der Sterne, Meere und Wolken, das »vorgezeigte bloße Tremendum der Natur«[25]. Blochs Deutung folgend, muß man hier den »Auszug des Menschen aus Jahve« — als Gegenteil aller Theodizee konstatieren[25]. Hiob vertraut auf den Gott, der aus den ägyptischen Leiden herausführte: der Gott, den er erfährt, ist nur ein anderer Pharao. »Doch Hiob ist gerade fromm, indem er nicht glaubt«, was im Zusammenhang nur heißen kann: sich nicht unterwirft, sondern weiter auf einen anderen wartet.

Dann aber ist der Ruf Hiobs nach dem Anwalt, dem Erlöser, dem Bluträcher und Blutstiller nur zu verstehen als der unbeantwortete Schrei der vorchristlichen Welt, die ihre Antwort findet in Christus. Hiob ist stärker als der alte Gott. Nicht der Leidmacher, nur der Leidende kann Hiob antworten. Nicht der Jäger, sondern das Wild.

V
Leiden und Lernen

»Es ist bei Gott kein Ding unmöglich ... wie es denn uns allen in der Ankunft des Glaubens muß widerfahren und gehalten werden, daß wir fleischlichen, irdischen Menschen sollen Götter werden durch die Menschwerdung Christi und also mit ihm Gottes Schüler sein, von ihm selber gelehrt werden und vergottet sein, ja wohl viel mehr, in ihn ganz und gar verwandelt, auf daß sich das irdische Leben schwenke in den Himmel.«

THOMAS MÜNTZER

1. Ein Volkslied aus Chile

Am Anfang dieses Jahrhunderts erreichte die Ausbeutung Chiles durch den englischen Imperialismus ein unglaubliches Ausmaß. Die Arbeiter in den Salpeterminen im Norden des Landes wurden nicht mit Geld, sondern mit Gutscheinen entlohnt, die sie nur auf dem Werkgelände gegen Nahrungsmittel eintauschen konnten. Sie arbeiteten täglich 16 und mehr Stunden. Meuterer wurden hart bestraft. Im Dezember 1907 fand die erste große Massendemonstration statt. 20000—30000 Arbeiter forderten Gerechtigkeit. Diese friedliche Demonstration von Landarbeitern, von Frauen und Kindern wurde mit Gewalt zerschlagen. Am Nachmittag des 21. Dezember 1907 geschah in Iquique eines der blutigsten Massaker, an das man sich in Lateinamerika erinnert, dreieinhalbtausend Menschen, die in einer leeren Schule eingeschlossen waren, wurden ermordet.
1971, im sechsten Monat der Volksregierung, entstand ein Film über »Santa Maria de Iquique«; einer der Überlebenden erzählte in einem Interview von seinen Erfahrungen.

»Wie und warum der Streik war: Damals gab es keine Häuser für die Leute; es gab nur Häuser für Ratten, für Eidechsen, für Ungeziefer, denn die Siedlung war nicht für Menschen gedacht, sondern nur für Hunde oder Wilde, wie sie es waren, diese Besitzer der Salpeterminen. Der Genosse Recabarren hatte uns gefragt, wie lange wir denn die Ausbeutung durch diese Emigrantenschweine noch ertragen wollten, die nach Chile gekommen waren, um sich zu bereichern. Aber die wirklich

Schuldigen waren die Verwalter, die mit ihrer Rückendeckung handelten. Sie mußten mit der Ausbeutung aufhören. Denn ihretwegen hatte der arme ›Pampino‹ (so nennt man die Minenarbeiter im Norden) keine Unterhosen anzuziehen. Ihretwegen gab es keinen Pfennig Bargeld, sondern nur Gutscheine, die nichts wert waren. Dann kam jener fatale Tag. Sie gingen zur Mine Santa Lucia, etwa 8, 10, 15 oder 20 Blöcke von Menschen. Manche hatten kein Wasser mehr. Manche hungerten. Die Babies brauchten Wasser. Kleine Kinder fielen hin und konnten nicht mehr weiter. Denn die Sonne brennt dort kräftiger als hier. Die Leute versammelten sich. Dann sprach ein Genosse: ›Minenarbeiter, wir sind die Verdammten. Diese Herren Besitzer der Salpeterminen führen ein feines Leben und lassen ihre Angestellten hier dafür zahlen. Wir sind die Verdammten, denn wir müssen diese Horde von Undankbaren versorgen. Morgen werden wir nach Iquique marschieren.‹
Das Komitee geht voran, die Fahnen wehen, ein Offizier nähert sich. Halt! Hier haben Sie unsere Petition! Er nahm sie und las unsere Bitte: Wir forderten den Acht-Stunden-Tag, denn in Chile fing 1905 die Sklaverei an. Wenn wir keine Gerechtigkeit erhalten, werden wir eine Kommission ernennen, die nach Santiago geht, um mit der Regierung zu sprechen. Denn wir verlangen nur Gerechtigkeit, nicht einmal eine Lohnerhöhung. Er sagte: ›Der Präsident des Komitees und seine Leute haben 15 Minuten Zeit, um den Ort Santa Maria zu verlassen. Wenn das nicht geschieht, werden alle erschossen.‹ Wir sahen schon ein Reiter- und ein Infanterieregiment näherrücken. Hier ein MG, dort eins und im Rücken drei MG mit je vier Mann. Und dann fingen sie an zu schie-

ßen. Ich höre die Schüsse heute noch. 3600 starben, dreitausendsechshundert...«

Nach diesem Massaker entstand in Chile das folgende Lied.

»Eines Tages erhebt sich wie eine Klage,
die den Tiefen des Herzens entspringt
und durch die Gassen des Lagers dringt,
der Ruf der Rebellion,
der Schmerz in der Brust vieler,
der Ausdruck der Empörung,
der Ruf nach den Rechten der Arbeiterklasse.
Heilige Opfer, die aus der Pampa kamen
mit Hoffnung
und bei ihrer Ankunft nur die
Stimme der Maschinengewehre hörten,
die Stimme dieser Bestien,
die ohne Mitleid massakrierten,
sich mit dem Blut der Arbeiter tränkten.
Sie seien verdammt.
Ich fordere Rache an denen,
die die MGs luden,
Rache für die Leidenden, die zurückblieben.
Rache für die Minenarbeiter, die in Iquique starben.
Stumpf waren die Gesichter
von den Zeiten, die sie gesehen hatten.
Dunkel die Hände von den Nächten der Ausbeutung.
Die harte Faust des Volkes
durchbricht Schatten und Schweigen
und Stimmen fordern zum Singen auf.
Komm, Genosse, reih dich ein,
reih dich in die Einheit ein.

*Komm, Genosse, und schaff mit,
schaff an deiner Zukunft mit.
Sei auf der Hut,
und vergiß nicht die Nacht,
die Schatten, die du besiegtest.
Nichts wird uns aufhalten,
nichts wird uns mehr aufhalten.«*[1]

Das Lied spricht vom Umgang mit der Erfahrung des Leidens. Es enthält das, was J. B. Metz »gefährliche Erinnerung« genannt hat, Erinnerung an die Opfer und an die Peiniger. Es ist ein Beispiel für die zweite Phase des Leidens (vgl. S. 91); die Leidenden haben »Schatten« und »Schweigen« durchbrochen, die »stumpf« gewordenen Gesichter und die von der Ausbeutung »dunkel« gemachten Hände, die an das sprachlose Leiden der ersten Phase erinnern, haben sich nun verändert. Die Klage »erhebt« sich. Die Sprache dieses Leidens ist psalmisch: das Unrecht wird nicht vergessen, die Toten sind nicht tot, aus der Klage wird die Anklage. Der Ruf nach Rache und Vergeltung entstammt wie in den alten Psalmen dem Bewußtsein der eigenen Gerechtigkeit. Die Erinnerung an das Erlittene ruft die Zukunft her, die Einsicht in die notwendige Verwirklichung der Revolution entsteht im Lied selber, das Singen ist selber der Exodus aus der stummen Phase des dumpfen Schmerzes. Das Lied ist ein Beispiel proletarischer Kultur, nicht geringer als die Psalmen oder die griechische Tragödie, die behauptet, daß der Mensch im Leiden lerne ($\pi άθει$ $μανθάνειν$), Veränderung erfahre, zur Weisheit gelenkt werde[2]. Auch in den Erfahrungen, die das Lied aus Chile spiegelt, ist die Möglichkeit angelegt, am Leiden hart, bitter, unempfindlich und stumm zu werden. Es ist nicht selbstverständlich und nicht einfache Folge ökonomischer Repression, daß aus dem Leiden der Ruf der Rebellion wird. Es braucht dazu Menschen, die am Leiden lernen, die den Schmerz nicht betäuben oder vergessen. Das politische Bewußtsein entsteht »ex memoria passionis, politisches Handeln der Menschen aus dem Gedächtnis der Leidensgeschichte der Menschen«[3]. Ohne das Bewußtsein der Besiegten und die Erinnerung an die Opfer kann der »Ruf der Rebellion« sich nicht erheben. Für die Subjekte der Revolution bedeutet dies, daß jedes Leiden, das sie nicht zerstört, lehrt, das Leben mehr zu lieben; es lehrt eine größere Bereitschaft zum verändernden Handeln.

Das Leiden macht empfindlicher für den Schmerz in der Welt. Es kann uns lehren, eine bessere Liebe aufzubringen für alles, was ist. Es ist nicht entscheidend, ob wir diese Veränderung, die das Leiden bewirkt, auf »Gott« zurückführen; auch dieser Lehrer ist an seine Schüler gebunden. Wesentlich ist, ob der Akt des Leidens von uns vollzogen wird, nicht in der Gleichgültigkeit der Steine, ob das Leiden unsere Passion wird im tiefen Doppelsinn dieses Wortes. Der Akt des Leidens ist dann Praxis, Tätigkeit. Wir handeln im Leiden. Wir nehmen wahr, wir drücken uns aus, wir weinen. Das Idealbild des tränenlosen Mannes ist die präzise Anerkennung dessen, daß aus Leiden nichts gelernt wird und nichts zu machen ist. Wir verscharren oder graben aus, was wir in uns versteckt haben, wir werfen ab oder nehmen Last auf im Leiden, wir verbergen uns vor den anderen oder stellen uns dar. Unsere Hoffnungen können sterben oder können wachsen im Leiden. Das Bitterste ist, daß das

»aus Leiden lernen« zerstört werden kann. Es hat sich dann als Illusion herausgestellt, daß eine Krankheit sich bessert, daß ein Prozeß gerecht entschieden wird, daß ein Mensch von seinen Ängsten loskommt oder daß die Abschaffung des Privateigentums an Produktionsmitteln die Befreiung einleitet, die sie verspricht. All dies kann enttäuscht werden. Manche Menschen sind von gestorbenen Hoffnungen überwuchert wie von gespenstischen Blumen.

Die chilenischen Arbeiter, die sich ihrer eigenen Leidensgeschichte erinnern, machen den Akt des Leidens zur Praxis, die Erfahrung führt sie zum Handeln. Sie überstanden das Massaker nicht als ein Naturereignis, sondern nahmen es als Teil der eigenen Geschichte.

Jedes Leiden, das uns betrifft, nimmt in seiner rohen Faktizität den Charakter des Naturereignisses an. Die naturhaften Metaphern der Sprache für das Leiden — Nacht, Schnee, Hagelschauer, Dunkel, Regen, Sturm, aufgewühltes Meer — erinnern nicht nur an früheren Umgang mit Leiden, sondern benennen zugleich den unabänderlichen Charakter der Ereignisse selber. Wenn Simone Weil sagt, daß es »natürlich« sei, die Unglücklichen zu verachten, so muß dies ergänzt werden um die Selbstverachtung, die die Leidenden sich selber antun, indem sie das Leiden, das sie betrifft, als naturhaftes verstehen und es außerhalb aller Arbeit begreifen als fremdes und sinnloses Geschick. So nimmt uns das sinnlose Leiden die Praxis des Lebens weg, es zerstört nur, ohne zu verändern.

Aber schon physisch ist der Schrei im Schmerz eine Erleichterung, weil der Höhepunkt der Schmerzwelle einhergeht mit einer noch so geringen Form der Aktivität, wie sie sich im Sich-Aufbäumen, Gesicht-Verzerren, Stöhnen oder Schreien ausdrückt; erst recht aber ist in den andern Dimensionen des Leidens Tätigkeit, Praxis enthalten. Hier hat die naturhafte Metaphorik der traditionellen Leidenstheologie durchaus ihr Recht, insofern sie das Leiden mit Arbeit, die zur Bewältigung der Natur dient, zusammenbringt. Metaphern wie »pflügen, umgraben, pfropfen, läutern« weisen auf diesen Zusammenhang hin. Auch die Klage ist eine Bearbeitung des Leidens, und »lerne leiden ohne zu klagen« ist ein falscher Rat; aus solchem unbearbeitet bleibenden Leid läßt sich nichts lernen.

Wie in aller geschichtlichen Erfahrung, so gibt es auch im Leiden unterschiedene Möglichkeiten des Sich-Verhaltens. Wir können die bleiben, die wir zuvor waren, oder wir können uns ändern. Wir können die Attitüde der Wissenden annehmen, die des Klugen, der es hat kommen sehen, der es als immer schon so gewesen einordnet, der sich selber das Erschrecken verbietet, der für die Zukunft seine Konsequenzen zieht — aber wir können auch zu der anderen Haltung des Lernens finden.

In gewissem Sinne setzt das Lernen die mystische Annahme voraus: die Annahme des Lebens, seine unzerstörbare Hoffnung. Die Mystiker haben dargestellt, wie der Mensch frei und ledig werden könne, so daß Gott im Grunde der Seele geboren wird; daß der Mensch im Leiden »gelassen« werden kann, nicht apathisch, und daß die Fähigkeit zu lieben dort am stärksten wird, wo sie im Leiden wächst. »Gott ist bei den Leidenden« bedeutet nicht das, was ein Kind meint, wenn es verhauen wird und »Aber mein großer Bruder . . .« sagt. Es bedeutet, daß die Liebe, wenn sie in den Leidenden ist, unverwundbarer und unbeirrbarer ist als an irgendeinem andern Ort der Welt. Sie ist unabhängiger geworden von den Erfüllungen, die von außen kommen, sie ist voraussetzungsloser. Die Leidenden haben nichts mehr an das Schicksal zu verlieren, sie sind den fremden, heteronom verstandenen Gott quitt. Sie haben alles zu gewinnen, nicht als ein ihnen von außen gegebenes Geschenk, sondern als Verwandlung ihrer selbst, die Stärke der Schwachen. Die Unabhängigkeit vom Gott des Klassenschicksals ist gerade die Stärke derer, die das Lied aus Santa Maria de Iquique singen. »Selig sind die Leidenden« bedeutet für sie den Trost der Befreiung: alle, die im Leiden lernen, die Erfahrungen machen und alte Erkenntnisse überwinden, die ihre eigene Stärke erfahren und den Schmerz der Lebenden im Reich der Toten kennenlernen, beginnen den Exodus.

2. Der bittere Christus

Aber hat das Christentum an diesem »aus Leiden lernen« überhaupt Anteil? War nicht seine Antwort auf das Leiden immer wieder die bloße Unterwerfung, wie sie Hiob von seinen Freunden auch heute abverlangt wird? Eine Unterwerfung unter das persönlich erfahrene Leiden hat die Desensibilisierung im Kontext allgemeiner gesellschaftlicher Apathie für das Leiden anderer zur Folge. Weithin ist das gegenwärtige Christentum die leidfreie Religion einer als leidenslos aufgefaßten Welt. Es ist die Religion der Reichen, der Weißen, der Industrienationen, ihr Gott ist ein mildes und apathisches Wesen. Das Leiden ist in dieser Religion

zu einer rein privaten Angelegenheit ohne allgemeines Interesse zusammengeschrumpft, denn die großen Leiden, auf denen diese Nationen ihren Wohlstand aufbauen, liegen weit außerhalb unseres Gesichtskreises, in andern Erdteilen, und sie sind zugleich leicht in Zusammenhänge einzuordnen, die mit uns nichts zu tun haben, wie Geburtenüberschuß und mangelnde Industrialisierung. Der Profit, den wir aus dem Leiden der andern ziehen, wird so verschleiert. Die gegen Hunger und Krankheiten abgedichtete Welt der Reichen braucht dem Problem des Leidens auch in ihrer eigenen Mitte keine besondere Aufmerksamkeit zu widmen. Diese innere Apathie entspricht der politischen und ökonomischen Lage. Die Ausbeutung braucht ein gewisses Maß an Apathie, um reibungslos abzulaufen.
Im theologischen Überbau wird diese Situation in der Lehre ausgedrückt, daß Christus genug für uns getan habe, so daß unser Leiden für die Verwirklichung des Heils nicht mehr notwendig sei. Versteht man das Heil in einem individualistischen Sinn, so ist diese Lehre durchaus konsequent. Da nicht das Reich Gottes und die Verwirklichung der Gerechtigkeit erst Heil für alle bedeuten, ist die Erlösung des einzelnen nicht von seinen Taten oder den Leiden, die ebenfalls als Werke aufgefaßt werden, abhängig. Das dann noch real anfallende Leiden wird aller übernatürlichen, aller geistlichen Qualitäten beraubt, es hat nicht mehr die Aufgabe, uns »zur Weisheit zu führen« oder zum Lernen zu bringen, es wird zu einem naturhaften Übel degradiert und entwichtigt. Für unsere Befreiung ist das Leiden im Rahmen einer solchen perfektionistischen Theologie sinnlos. Diese leidfreie Religion wurde schon in ihrem Entstehen

zu Beginn der Reformationszeit in leidenschaftlicher Sprache kritisiert, weil sie »einen honigsüßen Christus, wohl gefällig unserer mörderischen Natur«[4] predigt. Thomas Müntzer hat die Unterscheidung vom bitteren und vom honigsüßen Christus eingebracht, um seine Kritik an einem leidfreien Christentum, wie er es in Luthers Reformation angelegt sah, zu formulieren. Die Lehre des süßen Christus besagt, daß alles Leiden schon »ausgerichtet« sei, in Christus schon vollbracht ist. Er hat alles für uns getan, der Mensch braucht nur noch »auf Christi Kreide zu zechen«, der Glaube ist die Annahme dieses fertigen und zubereiteten Heils. Diesem Glauben, »daß Christo allein das Leiden zugelegt wird, als ob wir nicht leiden dürften«, entspricht politisch die Zwei-Reiche-Lehre, kirchenpolitisch die Kindertaufe. Der Gott dieses »erdichteten«, »unerfahrenen«, »unversuchten« Glaubens ist kein anderer als der heidnische Gott, ein Gott der Apathie. Nach dem Koran ließ Gott Jesus nicht ans Kreuz kommen, weil er »viel zu milde dazu« war; er gab einen anderen Übeltäter an Christi Statt dahin, und nur die ahnungslosen Christen wurden betrogen. Müntzer benutzt diese Gottesvorstellung aus dem Koran, um gegen ein leidfreies Christentum zu polemisieren, das aus demselben »fantastischen sinnlichen Geist« stamme. Der apathische Gott ist »ein unbeweglicher Gott«[4], dem das Leiden fremd ist. Er kann nur mit dem süßen Christus zusammengedacht werden; seine Lehre wird angenommen, ohne Menschen zu verändern. Das Weltregiment bleibt von ihr unberührt, die konkreten Leiden der Menschen werden nicht ernst genommen. Aber »wer den bitteren Christus nicht haben will, wird sich am Honig totfressen«[5]. Der bittere Christus wird erfahren in der Leidensnachfolge. Leiden, nicht nur Glauben ist der Weg zu Gott. Keiner wird mit Gott eins, »bis das er durch sein Leiden (ihm ewig zuständig) überwunden hat«[5]. Erst muß die Hölle erlitten werden, alle andern Wege, »die so trösten, ehe betrüben«, bringen nur die äußerliche Annahme. Der bittere Christus, das bedeutet, daß wir Gott »die Dornen und Disteln lassen ausreuten«, die in uns sind. Die billige Gnade, von der Bonhoeffer sprechen wird, ist schon hier angegriffen, die Meinung, man könne »also leichtlich zum Christenglauben kommen, wenn sie nur dran denken, was Christus gesagt hat. Nein, lieber Mensch, du mußt erdulden und wissen, wie dir Gott selber dein Unkraut, Disteln und Dornen, aus deinem fruchtbaren Lande, das ist aus deinem Herzen, reutet.« Im Vertrauen auf den »süßen Christus« will der Mensch »gotformig sein, so er nimmermehr wil, auch ganz nicht begert, cristformig zu werden«[6]. Gottförmig werden wollen bedeutet einen Weg ohne Leiden, ohne Angst, das Heil bleibt da unerfahren, nur äußerlich angenommen. Gottförmig sein ohne christförmig zu werden ist ein leidfreies Christentum — das bedeutet aber zugleich eines, das das Leiden anderen überläßt. Das verbürgerlichte Christentum, wie es in den Konsequenzen Luthers angelegt war, wird hier zu Beginn der Reformation in einer an Kierkegaard gemahnenden Schärfe und Radikalität kritisiert.

Der Wunsch, gottförmig zu werden, ohne den Weg Christi zu gehen, kann verschieden gedeutet werden. Einmal entstammt er der Überzeugung, daß Christus ja alles für uns getan habe, so daß in seinem Leiden und Sterben alles abgegolten ist. Was jetzt noch, sozusagen in der Nachgeschichte, erlitten wird, ist als unwesentlich in Geduld zu ertragen. Eine imitatio Christi widerspricht einem solchen Glauben, sie fällt im Denken Luthers unter die Werke und die Versuche, durch Leistungen das Heil selber zu besorgen. Die Karfreitagspredigten Luthers sind voll von der Sorge, jemand könnte Jesu und unser Leiden »vermischen«[7]. Das bedeutet aber, daß die Würde, die menschliches Leiden als Fortführung oder Ergänzung des Leidens Christi gehabt hat, nun entfällt. Die Behauptung, daß in Christus alles erfüllt sei, bleibt dabei vollständig inhaltsleer, ein uns exkludierendes Ideal der Herrschaft.

Aber es gibt auch moderne Formen des Wunsches, gottförmig ohne christförmig zu werden. In verschiedenen Gestalten heutiger Theologie der Hoffnung wird die Erfüllung an Gottes (späteres) Handeln und Heraufführen gebunden. Gott ist es, der befreit, der agiert, und im Überschwang der Hoffnung tritt das Motiv eines künftig befreienden Gottes weit schärfer hervor als die messianischen Leiden der Tradition, die die Erfüllung an die »Wehen« und das Heil an Leiden und Lernen band. Der Triumph Gottes beherrscht dann die Szene, und die jetzt leidenden Menschen können sich darin nur als später Beschenkte, als Anteilnehmende verstehen, ohne daß sie es selber würden, aus deren Schmerzen das Neue aufbaut wird. Anders gesagt: der Wunsch, gottförmig zu sein und nicht christförmig zu werden, ist ein Wunsch der Unmittelbarkeit, die ohne Umweg und ohne Ichwerdung alles will, ein narzißtischer Wunsch des sich in Gott unsterblich und allmächtig setzenden Ich, das es nicht nötig hat, »sein Leben kreuzigen zu lassen« und die Nacht des Schmerzes zu durchleben. Das Kreuz zu meditieren bedeutet Abschied zu nehmen von der narzißtischen Hoffnung, ungekränkt, unverstümmelt und unsterblich zu sein. Alle an solche Hoffnungen verschwendeten Kräfte können dann frei werden, aufgeboten gegen das Leiden.

Gottförmig sein zu wollen, ohne christförmig zu werden, bedeutet in unserer Welt die Anbetung des großen Pharao. Sie vollzieht sich nicht mehr wesentlich in der Gestalt der Unterwerfung unter das unbegreiflich verhängte Schicksal. Die religiöse Unterwerfung ist der Götzendienst einer Zeit des Mangels und der an den verschiedensten Stellen neu aufbrechenden Not. In einer Zeit der Fülle und der Beseitigung elementarer Not für einen Teil der Menschheit muß Pharao, als der Garant dieses Wohlergehens, nicht mehr zur Unterwerfung zwingen, er hat bessere Methoden, Menschen von Aufbruch und Rebellion fernzuhalten. Zwang und Gewalt werden überflüssig, wo Überredung und Verführung das Ihre tun, Apathie ersetzt die Unterwerfung. Es wird zum wichtigsten Interesse aller, um jeden Preis zu den Leidfreien zu gehören, und nur die Leidfreien beten diesen Pharao richtig an, indem sie mehr produzieren und mehr konsumieren, unter Verleugnung der verbleibenden nicht-verhüteten Schmerzen.

Christförmig zu werden bedeutet im Aufstand gegen den großen Pharao zu leben und bei den Unterdrückten und Benachteiligten zu bleiben. Es bedeutet, ihr Schicksal zu dem eigenen zu machen. Es ist leicht, mit Pharao einverstanden zu sein, wenn man nur ein Auge zudrückt. Es ist einfach, die Gestalten des Kreuzes, von denen wir umgeben sind, zu übersehen. Selbstverständlich kann man den Versuch machen, eine Theologie zu entwickeln, die nicht mehr das finstere Kreuz zum Mittelpunkt hat, und nicht, weil man damit dem bisherigen Christentum den Abschied gibt, ist so ein Versuch zu kritisieren, sondern weil man der Realität ausweicht, in deren Mitte das Kreuz steht.

Aber wenn Thomas Müntzer vom Christförmig-Werden spricht und das Leiden als den Weg dazu ansieht, so meint er nicht jedes Leiden. Nicht die erpreßte Entsagung und die Fronarbeit der Bauern, nicht die Schinderei für die Herren ist das Leiden, das den Menschen christförmig macht. Das christliche notwendige Leiden mit seinen Stationen der Angst, der »Entgröbung«, des Abtuns der an die Welt bindenden Begierden, der Verwunderung, die »anhebt, wenn einer ein Kind ist von sechs oder sieben Jahren« — dieser Weg zu Christus als ein Weg des Leidens ist überhaupt erst möglich nach einer Aufhebung der Gewalt und Ungerechtigkeit, die den armen Mann so verknechtet, daß er die Schrift nicht lesen kann, abgeschnitten ist von allen Möglichkeiten des Lebens. Das Leiden, das uns christförmig macht, hat nichts zu tun mit dem Lob der Arbeit, etwa des Bauernstandes, wie es sich damals gegen das frühe Bürgertum in den Städten formulierte. Der bittere Christus läßt nicht soziales Leid als solches bestehen, predigt nicht Hinnahme — so wie Güte nicht mit der Duldsamkeit gegen das Unrecht vermischt ist.

In seinem späten Manifest an die Allstedter Bergknappen unterscheidet Müntzer am klarsten: »Wollt ihr nicht um Gottes willen leiden, so müßt ihr des Teufels Märtyrer sein.«[8] Es gibt kein neutrales, naturhaft bleibendes Leid. Wir haben nur die Wahl des Worumwillens, nicht die Wahl des Leidenmüssens oder Leidfrei-Bleibens. »Des Teufels Märtyrer« sind in Müntzers

Sprache die geschundenen, erpreßten, ausgesogenen Bauern, die unter der Herrschaft ihrer Herren bleiben und sie erdulden. Das Leiden dieser nicht-revolutionären Bauern ist fruchtlos, ohne Veränderung, es kann sie nur abstumpfen oder zu Tieren machen. Im Zustand der Unterdrückung können sie die menschliche Furcht nicht loswerden. »Man kann euch von Gott nichts sagen, dieweil sie über euch herrschen.«[8] Der Gedanke, daß auch der Teufel Märtyrer hat, daß es also Leiden gibt, die der Befestigung seines Reiches dienen, verschärft die Fragestellung nach dem Leid noch einmal. Die gewonnene Unterscheidung ist nicht am Material des Leidens zu finden, sie wird nicht an den Ursachen des Leidens orientiert, sondern an seiner Wirkung. Müntzer unterscheidet die, die um des Teufels willen leiden, von denen, die in ihrem Leiden mit ihrem Schmerz dem Schmerz Gottes dienen. So hat Paulus die göttliche Traurigkeit von der Traurigkeit der Welt unterschieden je nach dem Ziel, dem sie dient (2. Kor. 7,8—10). Paulus benennt die Folgen der von Gott gewollten Traurigkeit in den Erfahrungen der Korinther; sie haben sich verändert, ihre Selbstbestimmung ist gewachsen: »ernstes Bemühen, Verteidigung, Unwillen, Furcht, Sehnsucht, Eifer, Bestrafung« sind unter ihnen gewachsen. Damit wird umschrieben, was wir »Praxis« des Leidens nannten, die mit affektiver Äußerung und Handeln einhergeht. Die Traurigkeit der Welt dagegen kann zum Tod führen, das heißt, die Menschen in einen totenähnlichen, beziehungslosen Zustand der Erstarrung versetzen; die Traurigkeit, die Gott wirkt, macht uns christförmiger, lebendiger, schmerz- und liebesfähiger. Diese Unterscheidung von göttlicher und weltlicher

Traurigkeit bestätigt alles das, was wir über Leiden und Lernen, Leiden und Arbeit gesagt haben. Dann können Menschen auch das Leiden, das ihnen als ein Leiden zum Tode erscheint, auch den bitteren Schmerz der Hoffnungszerstörung in sich verwandeln und ihm die Richtung des Lebens geben.

3. Ich und der Vater sind eins

Wenn die wichtigste Frage an das Leiden die ist, wem es dient, Gott oder dem Teufel, dem Lebendigwerden oder der Erstarrung, der Leidenschaft des Lebens oder der Zerstörung dieser Leidenschaft, dann erscheint die andere Frage an das Leiden, nämlich die der Theodizee, überholt. Der allmächtige Herrscher, der Leid verhängt oder aus Leiden befreit, hat dann seine alles überragende Bedeutung verloren. Wer sein Leiden auf einen Allmächtigen, Fremden, Allesverhängenden gründet, der muß vor die Frage nach der Gerechtigkeit dieses Gottes kommen — und er muß an ihr scheitern. Es bleibt dann die bloße Unterwerfung unter die Allmacht, eingeschlossen der Verzicht auf Gerechtigkeit, wie am Ende bei Hiob — oder es bleibt die Rebellion gegen diesen Gott und die Erwartung eines anderen Befreiers. Wie immer Menschen an diesem als heteronom erfahrenen Gott scheitern, der das Unrecht zuläßt, als sei er von unseren finsteren Instinkten besessen — es sind Menschen, die zuviel von Gott, zuwenig von sich selber halten. Gerade unter theistischer Verschleierung entsteht die durchaus weltliche Traurigkeit, die zur Beziehungslosigkeit führt.

Wem dient ein Leiden, was bewirkt es? Viele träumen von einer besseren Welt, können aber ihr privates Leiden nicht mit dem allgemeinen Traum vermitteln. Wo dies geschehen ist, wo Menschen ihr Leben an die Hoffnung für alle gaben, da erscheinen auch andere Formen des Leidens. Ein Zeugnis solchen Leidens und Sterbens sind die letzten Briefe zum Tode Verurteilter aus den Jahren 1939—1945. Es ist wichtig, diese Briefe auch für die zweite Hälfte des Jahrhunderts im Gedächtnis zu bewahren — nicht, weil dieselbe Art von Faschismus uns bedrohte, wohl aber, weil diese Art von Leiden und Lernen, von Sterben und Auferstehen uns helfen kann.
Eine Reihe von diesen Briefen erinnern unmittelbar an die Abschiedsreden Jesu, wie sie im Johannesevangelium stehen; sie spiegeln ein ähnliches Verhältnis zum eigenen Leiden und Sterben und zu den Zurückbleibenden. Den Briefschreibern und Jesus ist gemeinsam das Wissen, daß der Tod unabwendbar ist. Der wesentliche Inhalt der Briefe ist nicht die Selbstdarstellung von Schmerz und Trauer, sondern die Sorge um die Zurückbleibenden. »Ich werde euch nicht verwaist zurücklassen; ich komme zu euch. Noch eine kurze Zeit, so sieht die Welt mich nicht mehr, ihr aber sollt mich sehen; denn ich lebe, und ihr sollt auch leben« (Joh. 14, 18 f.). Jesus verspricht seinen Freunden Frieden. »In der Welt habt ihr Angst, aber seid getrost. Ich habe die Welt überwunden« (Joh. 16, 33). Jesu Sorge galt den andern.

»Ihr stellt Euch vor, daß ein Mensch, der zum Tode verurteilt ist, immerzu daran denkt und es bedauert. Das ist ein Irrtum. Ich dachte von Anfang an an die Möglichkeit des Sterbens, — Verka weiß es wohl — und ein

Bedauern habt ihr bei mir nie gesehen. Ich denke durchaus nicht daran. Der Tod ist immer nur für die Lebenden schlimm, für die Zurückbleibenden. Darum muß ich Euch Kraft und Mut wünschen. Ich küsse und umarme Euch alle und auf Wiedersehen.«[9]

Ein anderer schreibt an seine Frau:

»*Schura! Was kann ein Mensch machen, der im Gefängnis sitzt und vom sicheren Tod bedroht wird? Trotzdem haben sie Angst vor mir. Sag es den andern. Ich weiß, daß ich erledigt bin, und je früher dieser Augenblick kommt, desto leichter ist es zu ertragen. Leb wohl. Ich bitte dich, allen zu sagen, daß nichts beendet ist. Ich werde sterben, aber Ihr werdet leben.*«[9]

Wie Jesus seinen Freunden »den Frieden zurückläßt« und sie bittet: »Euer Herz erschrecke nicht und fürchte sich nicht« (Joh. 14, 27), so klingt auch hier immer wieder die Bitte an:

»*Doch seid nicht betrübt. Andere werden nach meinem Tode emporsprossen, Tausende.*«[9]
»*Glaubt mir, nichts, gar nichts von dem Geschehenen hat an die Freude rühren können, die in mir ist, und die sich jeden Tag mit einem Motiv von Beethoven ankündigt. Der Mensch wird nicht kleiner, auch wenn er um den Kopf verkürzt wird. Und ich bitte Euch innig, wenn alles zu Ende ist, denkt nicht mit Trauer an mich, sondern mit der Freude, mit der ich immer gelebt habe.*«[9]

Dieses Verhältnis von Traurigkeit und Freude findet sich im Evangelium immer wieder ausgesprochen. »Wahrlich, wahrlich, ich sage euch: ihr werdet weinen und heulen, aber die Welt wird sich freuen; ihr aber werdet traurig sein; doch eure Traurigkeit soll in Freude verkehrt werden. Ein Weib, wenn sie gebiert, so hat sie Traurigkeit, denn ihre Stunde ist gekommen; wenn sie aber das Kind geboren hat, denket sie nicht mehr an die Angst um der Freude willen, daß der Mensch zur Welt geboren ist« (Joh. 16, 20 f.). Von dieser Freude, an der Entstehung einer neuen Welt gearbeitet zu haben, sprechen auch die Briefe der Widerstandskämpfer.

Ein zweites Motiv ist ihr Stolz und ihre Gewißheit, nicht umsonst gelebt zu haben. Ihr Leben ist durch den Tod nicht zerstört.

»Ich will nicht, daß Du mich beklagst. Ich will, daß Du alle Deine Freunde um eine Tafel versammelst und ihnen meinen Brief vorliest, und daß Ihr auf die Ruhe meiner Seele trinket. Ich will nicht, daß irgend jemand weine.«[9]

Jesus spricht davon, daß er das Werk vollendet hat, den Namen des Vaters kundgemacht hat (Joh. 17, 4 und 6 ff.) und daß er seine Freunde im Namen des Vaters erhalten und befestigt hat, so daß ihr Leben nicht von der Welt ist. »Dies rede ich in der Welt, damit sie in sich meine Freude vollkommen haben« (Joh. 17, 13). Die Vollendung des Werkes im Sterben gibt Jesus das Recht, jetzt selber verherrlicht zu werden. Von der gleichen Gewißheit ist der Brief eines einundzwanzigjährigen Widerstandskämpfers getragen. »An alle, die ich liebe.«

»Ich sterbe jung, sehr jung; es gibt etwas, das nicht sterben wird, das ist mein Traum! Nie, wie in diesem Augenblick ist er mir klarer, prächtiger und näher er-

schienen. Doch, die Stunde meines Opfers ist gekommen; die Stunde seiner Verwirklichung naht, mein Brief geht zu Ende, die Zeit vergeht ebenso, drei Stunden nur trennen mich vom Tod, mein Leben geht zu Ende.
Bald der strenge Winter, bald auch der schöne Sommer; ich, ich werde über den Tod lachen, denn ich werde nicht sterben; man wird mich nicht töten, man wird mich ewig leben machen; mein Name wird nach meinem Tod nicht wie eine Totenglocke läuten, sondern wie ein Aufschwung zur Hoffnung. Vergeßt die gefangenen Kameraden nicht, deren Familien ohne Hilfe sind.«[9]

Von diesen Sterbenden kann man sagen, daß sie glücklicher als ihre Henker waren. In einigen Briefen erscheint eine fast peinlich anmutende Selbstgewißheit, die moralische Überlegenheit derer, die für die gerechte Sache sterben. Aber der Versuch des christlichen Glaubens zu artikulieren, daß Jesus im Sterben zum Sohn Gottes geworden ist, meint nichts anderes. Die Abschiedsreden sprechen von der endgültig gewordenen Gewißheit, der »Verherrlichung«. Der Stolz der zum Tode Verurteilten entstammt dem prophetischen Selbstbewußtsein, einem Bewußtsein der Unzerstörbarkeit. Glück und Angstlosigkeit gehören zu denen, deren Namen »nicht wie eine Totenglocke« läuten werden.

»Das Kriegsgericht hat mich zum Tode verurteilt. Ich schreibe diese Zeilen wenige Minuten vor dem Sterben. Ich fühle mich gesund, voller Tatkraft, voll unbegrenzter Lebenslust... Aber es gibt keine Möglichkeit der Rettung. Ich muß sterben. Ich gehe jedoch mit Festigkeit, mit Mut in den Tod, wie es sich für Menschen unseres Schlages gehört. Ich habe 41 Jahre gelebt, 20 davon

habe ich der Sache der Armen gewidmet. Mein ganzes Leben lang war ich ein ehrlicher, treuer, unermüdlicher Kämpfer ohne persönliche Interessen. Nie war ich unaufrichtig. Und wie ich gelebt habe, so sterbe ich, da ich weiß, daß unsere Sache gerecht ist, und daß der Sieg unser sein wird. Das Volk wird mich nicht vergessen, wenn bessere Zeiten kommen. Eines Tages wird die Geschichte die Wahrheit erzählen, auch in Bezug auf meine bescheidene Person. Ich sterbe, und ich werde leben.«[9]

Der Schreiber dieses Textes ist, wie viele andere, Kommunist. Sein »ich sterbe, und ich werde leben« hat keine postmortale Jenseitsvorstellung als Hintergrund, keine individuelle Erwartung auf ein Weiterexistieren. Es ist der paradoxe und präzise Ausdruck seines Lebens. Angstfreiheit, Gewißheit, Stärke lassen sich aus diesen Briefen entnehmen. Sie stammen aus der Anteilhabe an einer Sache, die größer ist als die Menschen, die an ihr arbeiten und dabei sterben. Sie wissen, daß sie leben, gegen den Tod der Vergessenheit. »Ich verlasse dich also, bleib mir gesund. Ein jeder von Euch muß jetzt ein Jahrhundert der andern ersetzen.«[9]

Ein drittes gemeinsames Motiv ist, daß viele der Sterbenden versuchen, einen Auftrag an die Weiterlebenden auszusprechen. So wie Jesus seine Jünger immer wieder bittet, einander so zu lieben, wie er sie geliebt hat (Joh. 13,34), einander das zu sein, was er für sie war, so geben auch diese Sterbenden ihr eigenes Leben als ein Vermächtnis, als ein aufgetragenes Erbe weiter. In die Mauer einer Zelle wurde gekritzelt: »Wenn dieser Körper nicht mehr sein wird, wird dieser Geist noch lebendig im Gedächtnis dessen sein, der zurückbleibt. Sieh zu,

daß er immer ein Vorbild sei.« Eine Tochter schreibt ihrer Mutter: »Du mußt leben und tapfer sein, um statt meiner noch viel Gutes auf der Welt tun zu können, Mama, darum bitte ich dich.«[9]
Die Gewißheit des durch das eigene Verhalten heraufbeschworenen, insofern »freiwilligen« Todes, die Sorge für die Überlebenden, der Stolz auf die eigene gerechte Sache und der weitergehende Auftrag — das sind Züge, die für diese Briefe ebenso charakteristisch sind wie für die Abschiedsreden Jesu. Die Passionsgeschichten sind ja nicht objektiver Bericht, sondern zu unserer Belehrung geschrieben; wir erkennen in ihnen unsere Möglichkeiten, sich zu Geschlagenen zu verhalten, und unsere eigenen Möglichkeiten, menschlich zu leiden. In einem alten Gebet heißt es: »Passio Christi, conforta me.« Leiden Christi, stärke mich. Wie kann das geschehen? Nicht einfach in der Vergegenwärtigung des Leidens Christi; dies hatte Sinn in einer Zeit, der die Gottheit Christi selbstverständlich war und das Leiden Jesu die Teilnahme Gottes an unserem Leiden ausdrücken konnte. Der Trost der Passion kann sich für uns nicht auf diese Voraussetzung gründen. Nicht daß der Gottessohn litt, sondern wie der Mensch Jesus litt, bedeutet eine Stärkung, eine Darstellung menschlicher Möglichkeiten, eine Hoffnung auf Humanisierung auch unseres Leidens. Als rein historische hat die Geschichte Jesu keine übergreifende Bedeutung; sie wird erst verstanden und angeeignet, wo sie in ihrem Weitergehen verstanden wird. Jesus stirbt weiter, vor unseren Augen, sein Tod ist nicht abgeschlossen. Wo immer Menschen gequält werden, da leidet er. Wenn wir Jesu Tod nur historisch bedächten, ohne seine weitergehende Sache zu meditieren, dann bliebe dieses

Gedächtnis eine Liturgie ohne Wahrheit. Indem wir das gegenwärtige Weitersterben Jesu vergessen, verleugnen wir die Passion selber. Die Aufforderung »Tut dies, so oft ihr es tut, zu meinem Gedächtnis« überwindet die Vergeßlichkeit und stiftet ein Gedächtnis des Todes Jesu, das aber erst erfüllt wird, wo es im Weitersterben der Opfer erkannt wird. Die theologische Aufgabe ist, den Anspruch Jesu in den Abschiedsbriefen der Märtyrer zu hören und die Stimme Jesu in ihrer Stimme wiederzuerkennen.

Diese Menschen stehen nicht wie Kinder vor einem gewaltigen Vater, sie klagen wohl über den Verlust ihres Lebens, aber sie klagen nicht mehr ein über ihnen waltendes Verhängnis an, sie fragen nicht: Warum läßt Gott das zu? Selbst da, wo sie mit andern Worten das »Mein Gott, warum hast du mich verlassen?« wiederholen, bleibt die Gewißheit erhalten, die Jesus in dem johanneischen Satz »Ich und der Vater sind eins« (Joh. 10, 30) ausdrückt. Diese Gewißheit trägt sie: sie wissen sich »gesandt«, die Gerechtigkeit zu verwirklichen, und ihre weitergehende Sache der Gerechtigkeit bedeutet, daß sie auch im Tode »aufgenommen« sind, »verherrlicht« werden. Sie sind stärker als »die Welt«, die über sie triumphiert.

Das menschliche Leiden kann gelebt werden in dieser Einheit mit dem Vater, wie Jesus formulierte, in der unzerstörbaren Gewißheit der Wahrheit des Lebens, das für, nicht gegen den Menschen ist. Die Passion Jesu ist der Inbegriff eines solchen freiwillig übernommenen Leidens. Sie ist Leiden an der »Welt«, an der Gesellschaft, die sich Jesu Anspruch nicht stellen will; sie ist auch Passion im modernen Sinn: Leidenschaft für das

Unbedingte. Die zum Tode Verurteilten zeigen uns wie die Heiligen, was es bedeutet, die Passion leben zu können.

Von Natur trifft uns das Leiden so, daß es uns zu »des Teufels Märtyrern« macht; Angst, Verstummen, Aggression und blinder Haß werden durch Leiden bestätigt und wachsen weiter. In Christus, das heißt in der nicht selbstverständlichen wahren Möglichkeit des Menschen, betrifft uns das Leiden so, daß es unsere Selbstgewißheit, unseren Trotz, unsere Stärke herbeiruft: unsere Einheit mit der Liebe ist unwiderruflich. Leiden lernen, ohne des Teufels Märtyrer zu werden, heißt, im Bewußtsein der Einheit mit dem Ganzen zu leben. Die so Leidenden sind unzerstörbar. Nichts kann sie scheiden von der Liebe Gottes.

4. Leiden und Atheismus

Gerade wenn wir nachvollziehen können, daß es ein Leiden gibt, das uns nicht zerstört, sondern unzerstörbar macht, das uns lehrt, das Leben mehr als je zu lieben, gerade dann wird das sinnlose Leiden, dem alle diese Möglichkeiten versagt sind, in seinem Grauen sichtbar. Die Briefe derer, die nicht um einer Sache willen starben, der Kinder, der zufällig Aufgegriffenen, der Unbeteiligten bezeugen dieses Grauen eines fruchtlosen Leidens. In ihrem Sterben ist kein Stolz, nur Klage. Ihr Schmerz ist nicht zu lösen oder in einen Sinnzusammenhang zu bringen. Das Leiden der bewußtlosen gezwungenen Opfer verschließt sich jedem Versuch der Deutung. Der Brief eines vierzehnjährigen jüdischen Jungen aus Galizien, der bei einer Razzia aufgegriffen wurde, enthält diesen unverwandelbaren Schmerz, ohne Gewißheit und Trost.

»Meine lieben Eltern!
Wenn der Himmel Papier und alle Menschen Tinte wären, könnte ich mein Leid und alles, was ich rings um mich sehe, nicht beschreiben.
Das Lager befindet sich auf einer Lichtung. Vom frühen Morgen an treibt man uns in den Wald zur Arbeit. Meine Füße bluten, weil man mir die Schuhe weggenommen hat. Den ganzen Tag arbeiten wir, fast ohne zu essen, und nachts schlafen wir auf der Erde (auch die Mäntel hat man uns weggenommen).
Jede Nacht kommen betrunkene Soldaten und schlagen uns mit Holzstöcken, und mein Körper ist schwarz von blutunterlaufenen Flecken wie ein angekohltes Stück Holz. Bisweilen wirft man uns ein paar rohe Karotten oder eine Runkelrübe hin, und es ist eine Schande: hier prügelt man sich, um ein Stückchen oder ein Blättchen zu erwischen. Vorgestern sind zwei Jungen ausgebrochen, da hat man uns in eine Reihe gestellt, und jeder Fünfte der Reihe wurde erschossen. Ich war nicht der Fünfte, aber ich weiß, daß ich nicht lebend von hier fortkomme. Ich sage allen Lebewohl, liebe Mama, lieber Papa, liebe Geschwister, und ich weine . . .«[9]

Vor solchem Leiden erscheint jede Form der Deutung als eine Art von Optimismus, wie ihn Schopenhauer kritisiert hat, »nicht bloß als eine absurde, sondern auch als eine wahrhaft ruchlose Denkungsart . . ., als ein bitterer Hohn über die namenlosen Leiden der Menschheit«[10]. Angesichts der erzwungenen Leiden kann auch der Versuch einer an Christus orientierten Deutung des Leidens als Weg des Lernens, den die Liebe gehen muß, nichts mehr besagen. Die Passion Christi — verstanden als Leiden-, Leben- und Sterbenlernen — kann für das jüdische Kind Chaim nichts bedeuten. Gerade um dieser sinnlos leidenden Menschen willen wäre ein allmächtiger und gütiger Gott notwendig, aber gerade an ihnen scheitert der Versuch, einen solchen Gott zu lieben. Am sinnlosen Leiden entsteht die Frage nach diesem Gott: Wo ist er? Sieht er zu? Eine junge Kommunistin schreibt an ihre Mutter: »Dein ganzes Leben war ein Leben der Betrübnis. Gott gibt es nicht; als ich draußen war, habe ich manchmal daran gezweifelt, aber jetzt weiß ich es sicher.«[9]

Der Prozeß, der zu dem Ergebnis führt: »Gott gibt es nicht«, kann fast als eine normale Entwicklung angesehen werden. Wo immer Menschen mit dem sinnlosen Leiden konfrontiert werden, da muß der Glaube an einen Gott, der gleichzeitig Allmacht und Liebe verkörpert, ins Wanken geraten oder zerstört werden. Aufrechterhalten werden kann dieser Glaube dann nur, indem die Allmacht, die Unbegreiflichkeit, die finstere Freude Gottes über die Liebe triumphiert. Ein solcher Glaube kann nicht mehr Übereinstimmung mit dem Vater sein, er wird die bloße Unterwerfung unter den Stärkeren.

Konsequenter ist die andere Antwort auf diesen Gott, die darin besteht, daß man ihn los wird. Brecht erzählt von einer Frau, die mitansehen muß, wie ihre sehr fromme Großmutter viele Tage lang einen qualvollen Tod stirbt. Im Fieber »versuchte sie ununterbrochen zu beten, hatte aber die Worte des Vaterunsers vergessen, was sie sehr quälte. Dieser Tod brachte mich um den Rest meines Glaubens an Gott.«[11] Diese Erfahrung ist allgemein, sie bleibt kaum jemandem erspart; ihr Effekt ist der bewußtgewordene Atheismus, die Überzeugung davon, daß es kein gütiges himmlisches Wesen gibt, das noch über dem Schicksal thront und alles lenkt. Brecht erzählt diese Geschichte nicht als eine private Anekdote, sondern als lapidare Darstellung dessen, was Menschen auf dem Weg in die moderne Welt erfahren.

Der Atheismus entsteht am menschlichen Leiden; ein Gott, der eine Frau, die ihr Leben ihm gewidmet hat, im Tode derart sinnlos quält, kann nicht sein. Der Glaube allerdings, der in dieser Erfahrung aufgelöst wird, ist ein Theismus, der mit Christus kaum etwas zu tun hat; Geschichten dieserart handeln von Gott, niemals von Jesus. Offenbar übermittelt die christliche Verkündigung und Erziehung nach wie vor nichts anderes als den allmächtigen Pharao. Eine Umfrage in verschiedenen Schulklassen, was denn das Wichtigste am Christentum sei, ergab Hinweise auf Gott, auf die Unsterblichkeit der Seele und auf moralische, vor allem sexuelle Vorschriften. Christus erschien nicht, eine Erklärung des Namens »christlich« wurde nicht gegeben. Christus ist unbekannt: der Leidmacher und der Leidaufheber werden als Gott bekannt gemacht, nicht der Leidende. Gott ist nach wie vor der allmächtige Lenker, der zum Leiden nur in den Beziehungen des Verursachens oder Schickens und des Aufhebens steht. Gemessen an diesem Gottesglauben ist der wachsende Atheismus der Massen trotz seiner Banalität ein Fortschritt.

Die Banalität dieses Atheismus besteht in der Annahme, daß die Fragen, die der große Pharao so unzureichend beantwortete, mit seiner Absetzung auch schon beantwortet seien. Ein bloßer Rückzug aus dem Problem menschlichen Leidens, eine bloße Aufgabe der Frage der Theodizee ist keine Lösung. Es ist nichts damit getan, wenn man das Leiden zu einer unlösbaren Frage erklärt und sie als solche beiseite läßt. Brecht hat diese Art von Fragen als »schlechte Gewohnheiten« diffamiert, überkommen aus der Zeit der metaphysischen Fragen. »Gehen nach Orten, die durch Gehen nicht erreicht werden können ... Denken über Probleme, die durch Denken nicht gelöst werden können, muß man sich abgewöhnen.«[12] Aber dieser Zwang der Abgewöhnung scheint eher eine Verdrängung zu bedeuten; die Liebe kann sich mit der Sinnlosigkeit von Leiden und Zerstörung nicht abfinden. Sie kann es sich nicht »abgewöhnen«, nach den Menschen zu fragen, denen nicht mehr zu helfen ist. Die bei vielen marxistischen Denkern beiseite geschobenen Probleme — der Subjektivität, des Leidens, des Todes — melden sich wieder an, es ist unmöglich, in einen Naturzustand, der vor der Problematik liegt, zurückzugehen; der einmal entfaltete Reichtum der Subjektivität und ihrer Erkenntnis hängt nach Schopenhauer ab von der »Fähigkeit, Schmerz zu empfinden, ... welche daher im Menschen ihren höchsten Grad erreicht und einen um so höheren, je intelligenter er ist«[13]. Menschen sollen nicht durch Abstumpfung und Möglichkeiten der Ablenkung aufhören, nach dem Sinn des Leidens zu fragen, es gelingt ihnen auch nicht. Nicht der Rückzug aus der Frage, sondern ihre Überwindung ist notwendig; die falsche Erwartung an den Leidmacher und Leidaufheber kann überwunden werden, und Menschen können die Frage nach dem Leiden mit ihrem eigenen Leben, dem

»christförmig« gewordenen, beantworten. Nicht der stoische Held, der mit verschränkten Armen, sich klein machend, abwartend und in Unerschütterlichkeit Distanz bewahrt, sondern der mystisch Leidende, der seine Hände für alles Begegnende öffnet, zeigt die Möglichkeit der Humanisierung des Leidens. Er hat den Glauben an und die Hoffnung auf einen überweltlich eingreifenden Gott aufgegeben, aber nicht die Hoffnung auf Veränderung des Leidens und auf Lernen im Leiden.

5. Das Kreuz

Wie kann Hoffnung angesichts des sinnlosen Leidens ausgesprochen werden?
Ich gehe von einer Geschichte aus, die E. Wiesel, ein Überlebender von Auschwitz, in seinem Buch »Night« berichtet[14].

»Die SS erhängte zwei jüdische Männer und einen Jungen vor der versammelten Lagermannschaft. Die Männer starben rasch, der Todeskampf des Jungen dauerte eine halbe Stunde. ›Wo ist Gott? Wo ist er?‹ fragte einer hinter mir. Als nach langer Zeit der Junge sich immer noch am Strick quälte, hörte ich den Mann wieder rufen: ›Wo ist Gott jetzt?‹ Und ich hörte eine Stimme in mir antworten: ›Wo ist er? Hier ist er ... Er hängt dort am Galgen ...‹«

Es ist schwer, über diese Erfahrung zu sprechen. Der Weg, der von der Frage zur Antwort führt, ist ja nicht, indem man ihn theologisch reflektiert, auch schon gegangen. Die Reflexion steht in der Gefahr, diesen Weg selber zu verfehlen, weil sie, an andere Situationen gebunden, die Frage nicht ermessen kann.

Innerhalb des jüdischen religiösen Denkens läßt sich die Antwort, die hier gegeben wird, auf die Schekhinah, die »einwohnende Gegenwart Gottes in der Welt«, deuten. Nach kabbalistischer Lehre läßt Gott die leidende und erlösungsbedürftige Welt nach dem Fall nicht allein, seine Herrlichkeit »steigt selber zur Welt nieder, geht ein in sie, ins ›Exil‹, wohnt ihr ein, wohnt bei den trüben, den leidenden Geschöpfen, inmitten ihrer Makel«[15]. In seiner entäußerten, erniedrigten Gestalt teilt Gott das Leiden seines Volkes im Exil, im Gefängnis, im Martyrium. Wandernd, irrend, verstreut weilt seine Einwohnung bei den Dingen und wartet auf die Erlösung Gottes durch die Kreatur. Gott leidet, wo Menschen leiden, Gott muß erlöst werden vom Schmerz. »Nicht zum Schein ist Gott in seiner Welteinwohnung ins Exil gegangen; nicht zum Schein erleidet er in seiner Einwohnung das Schicksal seiner Welt mit.« So kann man sagen, daß Gott in seiner Gestalt der Schekhinah in Auschwitz am Galgen hängt und darauf wartet, »daß von der Welt aus die anfangende Bewegung auf die Erlösung zu geschehe«[15]. Nicht von außen oder von oben kommt die Erlösung den Menschen zu. Gott will den Menschen brauchen, um an der Vollendung seiner Schöpfung zu arbeiten. Eben darum muß Gott auch mit ihm leiden.

Innerhalb der christlichen Tradition gedeutet, ist es Christus, der hier leidet und stirbt. Man muß sich dann allerdings der Frage stellen, was eine solche Deutung bewirkt, die Christus in Beziehung setzt zu den in Auschwitz Vergasten und den in Vietnam mit Napalm

Verbrannten. Wo immer sie Unvergleichbares vergleicht — wie den römischen Justizmord an einem religiösen Führer des 1. Jahrhunderts und den faschistischen Genocid im 20. —, da begeht sie auf eine sublime Weise Entschärfung, ja Rechtfertigung. Der Gesichtspunkt des Vergleichs ist nicht die Zahl der Opfer und die Art der Tötung: eine fünfzigjährige Akkordarbeiterin hängt nicht weniger am Kreuz als Jesus, nur länger. Das einzige, was in Beziehung gesetzt werden kann, ist das Verhältnis des Menschen zum ihm angetanen Leiden, sein Lernen, seine Veränderung. Das Recht einer christlichen Deutung kann sich nur so herausstellen, daß sie das, was die Geschichte aus Auschwitz enthält, unterstützt und es klarer macht.

In Jesu Passionsgeschichte wird eine entscheidende Wendung vollzogen: die Wendung von der Bitte, verschont zu bleiben, zu dem verzweifelt klaren Bewußtsein, es nicht zu werden. Der Weg von Gethsemane nach Golgatha ist der Abschied von der (narzißtischen) Hoffnung. Es ist dieselbe Wendung, die in der Geschichte aus Auschwitz geschieht: der Blick wird von dem allmächtigen Vater fortgelenkt, auf den Leidenden selber hin. Aber nicht so, daß dieser Leidende nun alles allein auszuhalten hat. Die Substanz der Passionsgeschichte Jesu ist die Aussage, daß dieser, den Gott verlassen hat, selber Gott wird. Jesus stirbt nicht als ein Kind, das weiter auf den Vater wartet. Das Eli eli... ist ein Schrei des Erwachsenwerdens, der Schmerz dieses Schreis der einer Geburt. Wenn die Religion, die man soziologisch als das Bündel von Absicherungsmechanismen gegen Enttäuschung fassen kann, das Festhalten an dem Vater verinnerlicht, dann erfüllt »der Glaube etwas von jener

Aufgabe, die Freud jedem zuschreibt, der es unternimmt, auf den Vater zu verzichten«[16].

Die Aufgabe, auf den Vater zu verzichten, wird auch in der überlieferten Geschichte aus Auschwitz geleistet, allerdings in einer anderen Art als in der mythischen Geschichte von Tod und Auferstehung Christi. Die mythische Geschichte erscheint hier zerstückt, in einzelne Stimmen zerlegt. Was Jesus als einer erfährt, wird hier auf drei Menschen verteilt. Der Mann hinter dem Erzähler schreit, wie Jesus schrie; der Junge stirbt, wie Jesus starb; und der Erzähler hört eine Stimme, die ihm sagt, wo Gott ist, oder richtiger, wer Gott ist: eben der Gehängte. Aber während Jesus in einer Person die Frage, das Opfer und die Antwort ist, zerfällt in dieser Geschichte alle Kommunikation: der Frager bekommt die Antwort nicht, den Sterbenden erreicht die Botschaft nicht, und — was schwer erträglich ist — der Erzähler bleibt mit seiner Stimme allein.

Der entscheidende Satz, daß Gott »dort am Galgen« hängt, hat zwei Bedeutungen. Erstens ist es eine Aussage über Gott. Gott ist kein Henker — und kein allmächtiger Zuschauer (was auf dasselbe hinausliefe). Gott ist nicht der mächtige Tyrann. Zwischen den Leidenden und den Leidmachern, zwischen Opfern und Henkern ist »Gott«, was immer Menschen mit diesem Wort denken, auf der Seite der Leidenden. Gott ist auf der Seite der Opfer, er wird gehängt.

Zweitens ist es eine Aussage über den Jungen. Wenn es nicht zugleich eine Aussage über den Jungen ist, dann bleibt die Geschichte unwahr, und man kann auch auf die erste Aussage verzichten. Aber wie läßt sich die Aussage über den Jungen ohne Zynismus machen? »Er ist

bei Gott, er ist auferstanden, er ist im Himmel.« Solche traditionellen Sätze sind fast immer klerikale Zynismen mit hohem Apathiegehalt. Manchmal stammelt einer solche Sätze auch der Wahrheit nach, wie ein Kind etwas Unverständliches nachplappert, im Vertrauen auf den Vorsager und die ihm noch untrügliche Sprache. Das ist immer noch möglich, nur zerstört es auf die Dauer die, die es tun, weil Glaubenlernen auch Sprechenlernen bedeutet und es theologisch notwendig ist, das Gehäuse unserer vorgegebenen Sprache zu transzendieren. Welche Sprache ist überhaupt möglich, um das von der klassischen Theologie behauptete Leben für alle nicht nur festzuhalten, sondern erst in Befreiungssprache zu übersetzen? Wir müßten lernen, in dem Satz »Hier ist Er, er hängt dort am Galgen« das Bekenntnis des römischen Hauptmanns zu hören: »Wahrlich dieser ist Gottes Sohn gewesen.« Alle, jeder einzelne von den sechs Millionen ist Gottes geliebter Sohn gewesen. Anders als so hat sich auch damals Auferstehung nicht vollzogen.
Gott ist nicht im Himmel, er hängt am Kreuz. Die Liebe ist nicht überirdische, eingreifende, sich behauptende Macht — und das Kreuz zu meditieren kann heißen, von diesem Traum Abschied zu nehmen.
Gerade die, die die Stärke der Schwachen im Leiden erfahren, die das Leiden einbeziehen in ihr Leben, denen das höchste Ziel nicht mehr ist, leidfrei durchzukommen, gerade sie sind da für die andern, die ungefragt im sinnlosen Leben gekreuzigt werden. Eine andere Rettung, wie die Sprache der Metaphysik sie versprechen konnte, ist nicht mehr möglich; der Gott, der leiden macht, ist auch durch spätere Aufhebung des Leidens nicht zu rechtfertigen. Kein Himmel kann so etwas wie Auschwitz

wiedergutmachen. Wohl aber hat der Gott, der nicht ein höherer Pharao ist, sich gerechtfertigt: im Mitleiden, im Mitsterben am Kreuz.

Gott hat keine anderen Hände als die unseren. Auch »die Zukunft«, die heute oft das mythische Wort »Himmel« übersetzen soll, kann daran nichts ändern, daß der Junge in Auschwitz so sterben mußte, daß Kinder wie Chaim in unserem Jahrhundert solche Briefe schreiben mußten. Wohl aber kann diese Zukunft das Gedächtnis dieser Kinder bewahren und in ihm den Kampf gegen den Tod besser kämpfen.

Die Bedeutung, die der Satz, daß es Gott ist, der dort am Galgen hängt, für den Jungen hat, geht nicht über die Bedeutung, die er für uns hat, hinaus. Gott hat keine anderen Hände als die unseren, die für andere Kinder handeln können.

Man kann einwenden, daß in diesem Gedanken auch noch die Toten für die Lebenden »verwertet« werden. Sie sollen uns helfen, sie sollen uns ändern. Das trifft wohl zu — aber ist ein anderes Verhältnis zu den Toten denkbar? Hat nicht alles Andenken, alles Beten für sie, alles Essen zu ihrem Gedächtnis diesen Charakter, daß wir die Toten »brauchen« im doppelten Sinn von: ihrer bedürfen und von ihnen Gebrauch machen? Sie sind uns entrückt und diesem Gebrauch gegenüber wehrlos; aber es gibt keine andere Möglichkeit für uns, sie zu lieben, als daß wir sie in die Arbeit unseres Lebens einbeziehen. Es gibt keine andere Möglichkeit — und vielleicht bezeichnet das eine im Leben nicht aufhebbare Schuld, die wir ihnen gegenüber haben —, als von ihnen zu zehren. Wir können sie durch unser Verhalten nachträglich zu »des Teufels Märtyrern« machen, die den ewigen Kreislauf des Unrechts unter der Sonne bestätigen und uns zum Verstummen bringen; wir können sie auch zum Lobe Gottes gebrauchen.

In diesem Sinne sind die, die umsonst und ohne Frucht leiden, angewiesen auf die andern, die in der Übereinstimmung mit der Gerechtigkeit leiden. Gäbe es niemanden, der »ich sterbe, aber ich werde leben« sagte, niemanden, der »Ich und der Vater sind eins« sagte, so wäre auch für die stumm und hoffnungslos Leidenden keine Hoffnung. Alles Leiden wäre dann sinnloser, zerstörender, nicht zu bearbeitender Schmerz, alle Traurigkeit wäre »von der Welt« und zum Tode führend. Wir wissen aber von Menschen, die anders gelebt und anders gelitten haben. Es gibt eine Geschichte der Auferstehungen, die stellvertretende Bedeutung hat. Die Auferstehung von Menschen ist kein Sonderprivileg für sie selber — auch dann nicht, wenn sie Jesus von Nazareth heißen. Sie enthält in sich die Hoffnung für alle, für das Ganze.

VI
Die Religion der Sklaven

»*Im Grunde besteht das Geheimnis des Lebens darin, daß wir handeln, als besäßen wir das, was uns am schmerzlichsten fehlt. Die christliche Lehre ist eben dies. Davon überzeugt sein, daß alles geschaffen ist für das Gute, daß es die Brüderschaft der Menschen gibt — und wenn das nicht wahr ist, was hat das zu sagen? Der Trost dieser Art, die Dinge anzusehen, besteht im Daran-Glauben, nicht darin, daß sie wirklich vorhanden sind. Denn wenn ich daran glaube, wenn du, wenn er, wenn sie daran glauben, siehe — dann wird sie sich als wahr erweisen.*«

CESARE PAVESE, TAGEBUCH, 3.2.41

1. Simone Weil, toujours Antigone

Wir können uns dem Thema des Leidens annähern, wenn wir von Leidenssituationen ausgehen und zeigen, wie sie verstanden wurden und welche Veränderungen sie hervorrufen. Aber mindestens ebenso wichtig ist es, sich Menschen vor Augen zu stellen, die bewußt gelitten haben; Leute, die wir kennen, die im Leiden gütiger und nicht bitterer geworden sind, solche, die freiwillig Leiden auf sich genommen haben um anderer willen. Es gibt solche Menschen, und die Stärkung, die von ihnen ausgeht, ist der Trost der Heiligen.
Zu den Heiligen dieses Jahrhunderts wird man vielleicht einmal die französische Jüdin Simone Weil zählen, obwohl sie eher bereit war, »für die Kirche zu sterben als in sie einzutreten«. Sie hat niemals den geringsten Unterschied gelten lassen zwischen Denken und Handeln. Ihr philosophisches und theologisches Denken, Unterrichten und Schreiben entsprach ihrem Verhalten in der Arbeiterbewegung und später in der Resistance gegen Hitler. Sie war an den Grenz- und Berührungspunkten verschiedenartiger Bereiche zu Hause: Mathematik und Mystik, Judentum und Katholizismus, antike Philosophie und Marxismus sind solche sich in ihrem Denken überschneidenden Bereiche; die Grenze, oder wie sie selber sagt, die »Schwelle«, also weder das Haus noch die Straße, scheint der bevorzugte, der ihr einzig angemessene Ort gewesen zu sein. Sie war Christin in einem nicht konfessionellen Sinne, die sich aber nicht taufen ließ, weil sie dann ihre Wahrheit, eben die der Schwelle, verraten hätte, dann »wenn ich die Stelle verließe, an der ich mich seit meiner Geburt befinde, an jenem Schnitt-

punkt des Christentums mit allem, was es nicht ist. Immer bin ich an genau dieser Stelle geblieben, auf der Schwelle der Kirche, ohne mich zu rühren, unbeweglich, in Geduld...«[1]

Simone Weil stammte aus einer wohlhabenden jüdischen Familie, sie wuchs in Paris auf, studierte und wurde Lehrerin, bis sie eines Tages um ein Jahr Urlaub einkam, um als Hilfsarbeiterin in einer Elektrofabrik, später als Fräserin bei Renault zu arbeiten. Sie nahm einen fremden Namen an, bezog in der Nähe der Fabrik ein Mietzimmer und suchte ihr Leben so einzurichten, daß es sich in nichts von dem ihrer Arbeitskolleginnen unterschied. Die ungewohnten körperlichen Anstrengungen wurden ihr zu einer Qual, da sie von Jugend an fast ständig an heftigen Kopfschmerzen litt. Sie reflektierte diese Erfahrungen in einem Bericht über »La Condition ouvrière«, der wie fast alles, was sie schrieb, erst nach ihrem Tode erschien, darin das »Journal d'usine«, ein Tagebuch über dieses Experiment, das sich vollzog unter den denkbar härtesten Bedingungen. Am 17. Dezember 1934 heißt es zum Beispiel: »Müde und entmutigt, schwächlicher Konstitution wegen, Empfindung, 24 Stunden ein freier Mensch gewesen zu sein (über Sonntag) und mich nun wieder an ein Sklavendasein gewöhnen zu müssen... Widerwille wegen dieser 56 Centimes (der Stücklohn im Akkord), der Zwang sich anzustrengen und zu verausgaben mit der gewissen Aussicht auf einen Anschnauzer, wegen Langsamkeit oder wegen Ausschuß... Gefühl der Sklaverei.«[2] Als bürgerliche Intellektuelle, Absolventin der Ecole Normale Supérieure, wo man ihr den Spitznamen »Vierge rouge« anhängte, versuchte sie, die Bedingungen proletarischer Existenz am eigenen durch

Krankheit und Überanstrengung geschwächten Leibe zu erproben. Schon als junge Lehrerin in der Provinz hatte sie sich zur Sprecherin der Arbeiter und der Arbeitslosen gemacht, in der Gewerkschaft gearbeitet und an Aufmärschen und Demonstrationen teilgenommen, so daß sie von ihrer Schulbehörde vorgeladen, verwarnt und schließlich strafversetzt wurde.

Nach der Besetzung Frankreichs durch Hitler 1940 lebte Simone Weil mit ihren Eltern im zunächst noch unbesetzten Südfrankreich. Sie vertiefte sich damals in Griechisch und Philosophie, lernte Sanskrit, beschäftigte sich mit Mystik und arbeitete zugleich in der Résistance mit. Im Frühjahr 1942 fand sie sich nach langem Widerstreben bereit, mit ihren Eltern nach den Vereinigten Staaten zu emigrieren. Aber nur kurze Zeit hielt sie es dort aus, obwohl Mystik und Sanskrit ja auch dort zu betreiben gewesen wären. Sie fuhr nach England, wo sie unter Maurice Schumann im Dienste der französischen Exilregierung tätig war. Ihr Ort war also auch hier auf der Grenze zwischen kontemplativer Mystik und politischem Engagement.

Da sie als Jüdin nicht aktiv am Kampfe um Frankreich teinehmen konnte, ging sie den solidarischen Weg des Mitleidens. Sie beschränkte sich auf die gleichen Rationen, die den Franzosen nach ihren Lebensmittelkarten zustanden, Rationen, die sich in Frankreich selbst in vielen Fällen aufbessern ließen. So den Ärmsten, den Hilflosesten gleichgestellt, verschlimmerten sich ihre Leiden derart, daß sie im Frühjahr 1943 ins Krankenhaus mußte. Sie starb am 24. August 1943 im Sanatorium in Ashford, Kent, im Alter von 34 Jahren.

Das Thema Simone Weils ist das Leiden. Am Schicksal

der Antigone hat sie immer wieder klargemacht, was diejenigen erwartet, die im Ernst dem überall herrschenden Maßstab, der Einteilung in Freunde und Feinde, widersprechen. Kreon sagt zu Antigone: »Nie ist der Feind, auch wenn er tot ist, Freund«, und Antigone antwortet ihm die berühmten Worte: »Aber gewiß. Zum Hasse nicht, zur Liebe bin ich.« Das Interesse des Dichters liegt dabei nicht an einer allgemeinen Humanitätsideologie, und entsprechend lenkt auch Simone Weil die Aufmerksamkeit vom allgemeinen Bekenntnis und dem Appell, nicht mitzuhassen, sondern mitzulieben, ab und verweist auf das Schicksal der Liebe in der Welt. Kreons Antwort auf die berühmten Worte der Antigone sind eindeutig und schrecklich, weil sie zeigen, daß die, die nur an der Liebe und nicht am Haß teilhaben, einer anderen Welt angehören und einen gewaltsamen Tod zu erwarten haben. Kreon sagt: »So geh hinunter, wenn du lieben willst, und liebe dort!«[3] Sophokles wäre ebenso mißverstanden wie Christus, wenn man seinen Ruf zum Lieben isolierte von seinem und der Liebe Schicksal, vom Kreuz.

Der christliche Glaube verhält sich zum Leiden nicht einfach als Aufhebung oder Trost, er bietet kein »übernatürliches Heilmittel gegen das Leiden«, sondern er trachtet nach »einem übernatürlichen Gebrauch des Leidens«[4]. Die Verstümmelungen des Menschen werden nicht von ihm genommen, selbst der auferstandene Christus trug weiter die Wundmale an sich. Aber was bedeutet es, das Leiden nicht aufzuheben, sondern anders zu »gebrauchen«?

Im Leiden werden Menschen zu dem Schrei »Warum?« gezwungen, er tönt, wie Simone Weil sagt, durch die ganze Ilias; es ist auch der Schrei Christi. Könnte er beantwortet werden, so wäre es möglich, das Leiden zu erklären und zu trösten. Aber diese Illusion wird im Christentum aufgehoben. »Es gibt keinerlei Antwort. Fände man eine tröstliche Antwort, hätte man sie zuvor für sich selbst erdichtet ... Meinte das Wort ›Warum‹ die Suche nach einer Ursache, erschiene die Antwort leicht. Aber es meint die Suche nach einem Zweck. Dies ganze Universum ist leer von Zweckmäßigkeit. Die Seele, die aus ihrem Zerrissensein von Unglück ohne Unterlaß nach diesem Zweck schreit, rührt an diese Leere.«[5]

Simone Weil hat diese Leere, die Abwesenheit Gottes, bestimmt als ein Grauen, das die ganze Seele überflutet. »Während dieser Abwesenheit gibt es nichts, das man lieben könnte.«[6] Diese Bestimmung des Unglücks macht gerade seine »untröstbare Bitternis« aus. Am tiefsten zerstört uns das Unglück, das uns jede Möglichkeit, weiter zu lieben, nimmt. Die Versuchung des Selbstmords, in die nach einem Wort von Camus jeder normale Mensch gerät, enthält eben dieses Angebot, nun, da wir nicht mehr lieben können, auch nicht mehr lieben zu wollen und sich endgültig beziehungslos zu machen. Das Unglück, die Angst, die Depression, die Zerstörung, die der Verlust des Menschen, auf den wir unser Leben gebaut hatten, darstellt — all das bedroht die Fähigkeit, die wir am meisten brauchen, die Fähigkeit, weiter zu lieben. »Das Schreckliche ist, daß, wenn die Seele in diesen Finsternissen, wo nichts ist, das sie lieben könnte, aufhört zu lieben, daß dann die Abwesenheit Gottes endgültig wird.«[7] Eben dies ist der Tod, die Trennung von allem, was Leben inhaltlich bedeuten kann.

Die einzige Rettung für den Menschen in dieser Verzweiflung besteht im Weiterlieben, »ins Leere hinein«, in einer Liebe zu Gott, die nicht mehr reaktiv ist, Antwort auf erfahrenes Glück, kindliche Dankbarkeit, sondern ein Akt, der über alle Erfahrung hinausgeht. »Die Seele muß fortfahren, ins Leere hinein zu lieben, oder zumindest lieben zu wollen, sei es auch nur mit dem winzigsten Teil ihrer selbst. Dann eines Tages naht sich Gott selbst und zeigt sich ihr ...«[7]

»Gibt sie es nicht auf zu lieben, gelangt sie eines Tages dahin, nicht eine Antwort auf ihre hinausgeschriene Frage, denn die gibt es nicht, aber das Schweigen selbst als ein unendlich Bedeutungsvolleres als eine Antwort, als das Wort Gottes selbst zu hören. Sie weiß dann, daß Gottes Abwesenheit hier unten dasselbe ist wie die geheime Gegenwart Gottes hier unten, Gottes, der im Himmel ist.«[8] Man muß sich von den hier gebrauchten Wörtern wie Gott, die Seele, ihre Beziehung zueinander nicht irritieren lassen, als sei die beschriebene Erfahrung nur denen zugänglich, die ein manifestes Verständnis dieser Begriffe hätten. Vorausgesetzt ist hier nichts dergleichen: was die Seele ist und inwiefern sie, um zu leben, Gott braucht, das ist nicht Voraussetzung, sondern Ergebnis des Prozesses. Dieser Prozeß selber enthält zwei Elemente, die für einen nicht ererbten oder bloß »erdichteten« Glauben konstitutiv sind.

Das eine ist die dunkle Nacht der Verzweiflung, das Kreuz, an das wir ungefragt geschlagen werden. Ein Christ ist ein Mensch, der seinen Tod hinter sich hat. »Ihr wart tot« ist eine wiederkehrende Aussage der Bibel. Es ist der Tod der totalen Beziehungslosigkeit, das »Ich kann nicht mehr«, der Schrei. Das Leiden macht

sterben, und um diesen Tod kommt niemand herum. Es stirbt das Kind, das wir einmal waren, es stirbt auch der junge Mensch mit seiner ihm nicht ausschöpfbaren Vitalität, es sterben unsere Träume und Illusionen.
Wir haben nicht die Wahl, das Leiden zu vermeiden und alle diese Tode zu umgehen. Die einzige Wahl, die wir haben, ist die zwischen dem absurden Kreuz der Sinnlosigkeit und dem Kreuz Christi, dem Tod, den wir apathisch als natürlichen Ablauf hinnehmen, und dem Tod, den wir als Passion erleiden. Das andere Element ist die Auferstehung. Hört die Seele in der Nacht der Verzweiflung nicht auf zu lieben, »ins Leere hinein«, so kann der Gegenstand ihrer Liebe nun zu Recht »Gott« genannt werden. Wir können auch von einer unendlichen Bejahung des Lebens sprechen, die in der dunklen Nacht des Kreuzes sich einstellt. In dieser Formulierung ist der Schein vermieden, als sei eine persönliche Beziehung zu einem als Person gedachten Gott notwendig. Die mystische Erfahrung der Nacht des Kreuzes und des Lichts in ihr ist nicht angewiesen auf eine solche personal gedeutete Gottesbeziehung; analog sieht auch Simone Weil die Vorstellung von der persönlichen Unsterblichkeit eher als ein Hindernis für den Glauben an. Entscheidend für die Auferstehung ist die Frage, ob der Mensch im Sterben des natürlichen Menschen, in der Zerstörung der Unmittelbarkeit des Lebens, weiter lieben kann.
Die Fähigkeit, nicht aufzuhören zu lieben, hängt ab von dem Glauben an Gott, wenn wir darunter verstehen, daß die Totalität der Welt nicht sinnlos, leer, zufällig und dem Menschen gegenüber gleichgültig ist, sondern für ihn. Aber wie kann diese Barmherzigkeit Gottes ge-

glaubt werden von einem Menschen, dessen sämtliche Angehörigen unter der Folter umgekommen wären, der selbst lange Zeit in einem Konzentrationslager gefoltert worden wäre? »Wenn solche Menschen an die Barmherzigkeit Gottes geglaubt haben, so glauben sie nun entweder nicht daran oder ihre Vorstellung davon hat sich von Grund auf verwandelt.«[9] Der Glaube an die Barmherzigkeit kann nicht in der Natur unmittelbar abgelesen oder begründet werden. Jeder Versuch dieser Art setzt voraus, daß wir unsere Augen blenden, unsere Ohren verstopfen und jedes Mitleiden ausreißen. Diese Art »Glauben« an den im Lauf der Geschichte nachweisbaren Sinn, an die aufweisbare Barmherzigkeit und Gerechtigkeit, führt die Gläubigen nur zur Mitleidlosigkeit. Als Denkform des christlichen Glaubens bleibt das Paradox notwendig, nicht die aus Natur und Geschichte ablesbare Erkenntnis. Credo, non video: ich sehe die Ungerechtigkeit, die Zerstörung, das sinnlose Leiden — ich glaube die Gerechtigkeit, die kommende Befreiung, die Liebe, die in der Nacht des Kreuzes geschieht. Aber eben dieser grundlose Glaube an die Barmherzigkeit ist Religion der Sklaven.

2. Selig sind, die Leiden erfahren

»Nach meinem Jahr in der Fabrik und ehe ich meinen Unterricht wieder aufnahm, hatten meine Eltern mich nach Portugal mitgenommen, und dort trennte ich mich von ihnen, um ganz alleine ein kleines Dorf zu besuchen. Ich war seelisch und körperlich gewissermaßen wie zerstückelt. Diese Berührung mit dem Unglück hatte

meine Jugend getötet. Bis dahin hatte ich keine Erfahrung des Unglücks besessen, außer meines eigenen, das, weil es das meinige war, mir von geringerer Wichtigkeit erschien, und das überdies nur ein halbes Unglück war, da es biologische Ursachen hatte und keine sozialen. Ich wußte wohl, daß es in der Welt viel Unglück gab, die Vorstellung dessen peinigte mich unaufhörlich, aber ich hatte es niemals durch eine längere Fühlungsnahme erfahren. Während meiner Fabrikzeit, als ich in den Augen aller und in meinen eigenen mit der anonymen Masse ununterscheidbar verschmolzen war, ist mir das Unglück der anderen in Fleisch und Seele eingedrungen. Nichts trennte mich mehr davon, denn ich hatte meine Vergangenheit wirklich vergessen, und ich erwartete keine Zukunft mehr, da mir die Möglichkeit, diese Erschöpfungszustände zu überleben, kaum vorstellbar schien. Was ich dort durchgemacht habe, hat mich so unauslöschlich gezeichnet, daß ich mich noch heutigen Tages, wenn ein Mensch, wer es auch sei, unter gleichviel welchen Umständen, ohne Brutalität zu mir spricht, nicht des Eindrucks erwehren kann, daß hier ein Mißverständnis sich leider zerstreuen werde. Dort ist mir für immer der Stempel der Sklaverei aufgeprägt worden, gleich jenem Schandmal, das die Römer den verachtetsten ihrer Sklaven mit glühenden Eisen in die Stirn brannten. Seither habe ich mich immer als einen Sklaven betrachtet.
In dieser Gemütsverfassung, und in einem körperlich elenden Zustand, betrat ich eines Abends jenes kleine portugiesische Dorf, das ach! auch recht elend war; allein, bei Vollmond, eben am Tage des Patronatsfestes. Es war am Ufer des Meeres. Die Frauen der Fischer zo-

gen, mit Kerzen in den Händen, in einer Prozession um die Boote und sangen gewiß sehr altüberlieferte Gesänge, von einer herzzerreißenden Traurigkeit. Nichts kann davon eine rechte Vorstellung vermitteln. Niemals habe ich etwas so ergreifendes gehört, außer dem Gesang der Wolgaschlepper. Dort hatte ich plötzlich die Gewißheit, daß das Christentum vorzüglich die Religion der Sklaven ist, und daß die Sklaven nichts anders können als ihm anhängen, und ich unter den Übrigen.« [10]

Das Christentum ist für die Sklaven da, es ist die Religion der Unterdrückten, der vom Unglück Gezeichneten. Es orientiert sich an ihren Bedürfnissen. Seliggepriesen werden Menschen nicht wegen ihrer Leistungen oder ihres Verhaltens, sondern im Blick auf ihre Bedürfnisse. Selig sind die Armen, die Leidenden, die Verfolgten, die Hungernden.
Nichts anderes als eine Seligpreisung ist auch der vorliegende Text, der aus einem Brief von Simone Weil vom 15. Mai 1942, vor ihrer Emigration nach Amerika stammt. Der Text spricht vom Leiden, aber vor allem spricht er die rückhaltlose Bejahung des Lebens aus, auch des Lebens des Sklaven. Die, die sich wundern, wenn sie ohne Brutalität angesprochen werden, wenn sie nicht verwertet und benutzt werden — gerade für sie ist die Religion der Sklaven da. Nicht damit sie Sklaven bleiben sollen, sondern damit sie aufstehen, sich erheben. Es ist nicht die Religion der Sklaverei gemeint, die diese verewigt, wohl aber die Religion der jeweils Unglücklichen, denen das Leben zugesprochen wird. Ihr Leid, ihr Recht, ihre Wahrheit wird ausgesprochen.
»Das Christentum hat die Partei alles Schwachen,

Niedrigen, Mißratenen genommen, es hat ein Ideal aus dem Widerspruch gegen die Erhaltungsinstinkte des starken Lebens gemacht.«[11] Diese Parteinahme für die wenig Tüchtigen, wenig Wertvollen oder Starken hat niemand so deutlich gesehen wie einer der schärfsten Kritiker des Christentums, Friedrich Nietzsche. Es sind »die niedrigsten Stände, die Unterwelt der antiken Welt«, in denen das Christentum entsteht, es ist »alles Erbärmliche, An-sich-Leidende, Von-schlechten-Gefühlen-Heimgesuchte, die ganze Getto-Welt der Seele«, die in ihm heraufkommt, »gerade alles Mißratene, Schlechtweg-gekommene, den ganzen Auswurf und Abhub der Menschheit« hat das Christentum »zu sich überredet«. Es ist der »Aufstand alles Am-Boden-Kriechenden gegen das, was Höhe hat: das Evangelium der ›Niedrigen‹ macht niedrig«[11].

Diese Religion der Sklaven ist nicht nur eine religiös-innerliche Wertsetzung, sondern zugleich eine politische Bewegung des Aufstands, »alles Heimlich-Aufrührerische, die ganze Erbschaft anarchistischer Umtriebe im Reich« rumort in ihr. Die historische Erkenntnis von der proletarischen Herkunft des Christentums, die Kautsky im sozialistischen Sinn benutzte, wird auch von Nietzsche als Vollzug des Klassenkampfes angesehen, ein Klassenkampf der Machtlosen, die die Macht wollen. Nietzsche attackiert daher Sozialisten und Christen gleichzeitig, beide beanspruchen die gleichen Rechte für alle Menschen, beide kämpfen für die Sklaven. »Die ›Gleichheit der Seelen vor Gott‹, diese Falschheit, dieser Vorwand für die rancunes aller Niedriggesinnten, dieser Sprengstoff von Begriff, der endlich Revolution, moderne Idee und Niedergangsprinzip der ganzen

Gesellschaftsordnung geworden ist, — ist christliches Dynamit.«[12] Entsprechend wird auch Jesus politisch eingeordnet und als Verbrecher betrachtet — was allerdings einigen anderen Aussagen Nietzsches zu Jesus widerspricht. »Dieser heilige Anarchist, der das niedere Volk, die Ausgestoßenen und Sünder ... zum Widerspruch gegen die herrschende Ordnung aufrief — mit einer Sprache, falls den Evangelien zu trauen wäre, die auch heute noch nach Sibirien führen würde, war ein politischer Verbrecher ... dies brachte ihn ans Kreuz ...«[12]

Das Christentum ist die Moral von Sklaven, die die Werte der Herren verleugnen und zerstören. In seinem Mittelpunkt steht ein Wert, der die schärfste Kritik Nietzsches herausfordert: das Mitleiden. »Mitleiden ist die Praxis des Nihilismus« — es produziert mehr und mehr Schwache, es ist lebensfeindlich und multipliziert das Elend. Als Ausdruck der décadence begünstigt es die, die an der Wirklichkeit leiden — was in Nietzsches Sinn bedeutet: eine mißglückte Wirklichkeit zu sein. »Das Mitleiden kreuzt im ganzen großen das Gesetz der Entwicklung, welches das Gesetz der Selektion ist. Es erhält, was zum Untergang reif ist, es wehrt sich zugunsten der Enterbten und Verurteilten des Lebens...«[12]

Man kann Nietzsche in der Darstellung dessen, was das Christentum will, nur zustimmen — es ist in der Tat die Religion der Enterbten und Verurteilten des Lebens. Gegen allen Vitalismus, und alle Anbetung der Gesunden und Starken, sieht das Christentum das Leben besser bewahrt bei denen, die schon einmal gestorben sind. Gott wird das zerstoßene Rohr nicht zerbrechen und den glimmenden Docht nicht auslöschen (Jes. 42,3), allen Prinzipien der Selektion zuwider. Christlich verstanden wird das Leben tiefer und umfassender geliebt dort, wo auch die Schwachen und Verstümmelten als Objekte und Subjekt an dieser Liebe zum Leben teilhaben. Der Glaube setzt der natürlichen ebenso wie der geschichtlich vermittelten Selektion seine nicht-selektive Bejahung entgegen.

Mit Recht führt Nietzsche die instinktive Ausschließung »aller Abneigung, aller Feindschaft, aller Grenzen und Distanzen im Gefühl« auf die extreme Leid- und Reizfähigkeit zurück . . , die »die Seligkeit allein darin kennt, nicht mehr, niemanden mehr, weder dem Übel noch dem Bösen, Widerstand zu leisten«[13]. Die Bejahung, die das Christentum meint und als seinen Glauben formuliert, entwickelt in der Tat eine tiefere Leidfähigkeit, weil der Wunsch für alle und der Schmerz um alle unendlich geworden ist. Die »Grenzen und Distanzen« sind immer Sache der Herrenklasse gewesen, elitäre Privilegien wurden mittels ihrer gesichert. Die Aufhebung aller Privilegien ist die elementare Voraussetzung eines Begriffs von Liebe, der über Ich-du-Beziehungen hinaus gesellschaftlich relevant werden kann und es in Gruppen immer wieder geworden ist. Der Vitalismus Nietzsches verfährt selektiv; christlicher Glaube ist umfassende, unendliche Bejahung. Die »Ausschließung aller Abneigung, aller Feindschaft« ist nicht mit Nietzsche als Schwäche, die dem Selbsterhaltungsinstinkt widerspricht, zu deuten, sondern als Stärke, die zur verwandelnden Annahme des Leidens führt. Aber noch einmal: Wie ist eine solche nicht-selektive Bejahung möglich, ohne daß wir »Gottes Versöhnung mit dem Elend« betreiben?

3. Das Paradox

Das Symbol der Sklavenreligion ist das Kreuz, die den Sklaven vorbehaltene Art der Todesstrafe. Ist es notwendig, daß dieses Symbol des Leidens, des Scheiterns, des Sterbens im Mittelpunkt der christlichen Religion steht? Hat nicht sein Übergewicht in Theologie und Frömmigkeit dazu beigetragen, daß ein »das Elend rechtfertigender Gott« in der Gesellschaft angebetet wurde und wird? Ulrich Hedinger hat die »antik-christliche Allianz« wegen ihres Grunddogmas, daß »höchste Vorsehung über oder in hartem Schicksal walte«, angegriffen und radikal jede Empfehlung in Ergebung verworfen. Nicht das Kreuz kann zum Zentrum einer messianisch verstandenen, das Elend aufhebenden Theologie gemacht werden. Es ist in erster Linie ein religionspolitischer und politischer Mord, und die Liebe, »auch Jesu vergebende Liebe, bedarf des Kreuzesmordes nicht, um sie selber zu sein«[14]. In diesem Zusammenhang kritisiert Hedinger das theologische Denken, das das Paradox, den unaufgelösten Widerspruch zur leidvollen Wirklichkeit, zur zentralen theologischen Kategorie erhebt. »Wo Gott das Paradox schlechthin ist, da vernebelt er die Differenz zwischen Liebe und Elend.«[14]
Aber die Frage, ob die Liebe des Kreuzes bedürfe, um sie selber zu sein, scheint mir nicht richtig gestellt. In ihrem Zusammenhang versteht Hedinger das Kreuz entweder als »Metaphysik der Todesstrafe«, also von dem leidverhängenden Gott aus, der endlich Gelegenheit hat, das Opfer Abrahams zu vollziehen. Oder er nimmt es als »Mystik des Todestrostes«, den Menschen für ihr eigenes Leiden und Sterben im Anblick des Kreu-

zes empfangen. Aber das Kreuz ist weder ein Symbol, das die Beziehung zwischen Gottvater und seinem Sohn ausdrückt, noch ein Symbol des Masochismus, der das Leiden braucht, um sich der Liebe zu vergewissern. Es ist vor allem ein Symbol der Realität. Die Liebe »bedarf« des Kreuzes nicht, aber de facto kommt sie ans Kreuz. De facto ist Jesus von Nazareth gekreuzigt worden; de facto haben die Kreuze der aufständischen Sklaven unter Spartakus die Straßen des Römischen Reiches geschmückt. Das Kreuz ist keine theologische Erfindung, sondern die tausendfach gegebene Antwort der Welt auf die Versuche der Befreiung. Nur darum können wir uns in Jesu Sterben am Kreuz wiedererkennen; wir bemerken die Ideologie der Machthaber, die auf die herrschende Ordnung aus waren, wir sehen die Grausamkeit und den Sadismus der Soldaten, die mitmachten und den Befehlen folgten, wir werden konfrontiert mit dem Verhalten der Freunde. All das sind Möglichkeiten auch unseres Verhaltens zu Geschlagenen; und wo wir selber vom Unglück geschlagen sind, da können wir versuchen, aus der Geschichte Jesu zu lernen. Die Frage, ob die Liebe zu ihrer Verwirklichung das Kreuz braucht, stellt sich nur einem spekulativen Interesse, nicht einem existentiellen. Auch Gottes Doxa, sein Glanz, seine sich offenbarende Ehre, sein Glück, »braucht« die schrecklichen Paradoxe der Zerstörung und Verstümmelung von Leben nicht, wenn man Gott als solchen betrachtet. Aber de facto kommt die Liebe ans Kreuz, und in der sichtbaren Realität beliebt es Gott, sich paradox zu verhalten.

Die Liebe macht das Leiden nicht, sie produziert es auch nicht, obwohl sie notwendigerweise die Konfrontation

suchen muß, weil ihr wichtigstes Interesse nicht die Vermeidung von Leiden, sondern die Befreiung von Menschen ist. Jesu Leiden war vermeidbar, er hat es freiwillig gelitten. Es gab auch andere Auswege, was in der mythischen Sprache immer wieder betont wird: es wäre ihm möglich gewesen, vom Kreuz herabzusteigen und sich helfen zu lassen. Er hätte, politisch gesprochen, nicht nach Jerusalem zu ziehen brauchen und die Konfrontation vermeiden können. Die Konfrontation vermeiden, indem man bestimmte Ziele aufgibt, ist eines der häufigsten apathischen Verhalten; die Konfrontation suchen, eines, das den Leidenden und Wünschenden notwendig ist. Dafür gibt es viele Erfahrungen aus den Bürgerrechtsbewegungen der letzten Jahre. Die zuständigen Behörden betreiben meist eine Politik der Abwiegelung, Verschleppung und Verschleierung; die agierenden Bürger dagegen suchen und provozieren die Konfrontation, indem sie Leiden sichtbar machen. Vermeidbar wäre ihr Leiden nur unter Bedingungen, die sie nicht erfüllen können und wollen. Gott mit dem Elend zu versöhnen hieße, gerade die Konfrontation zu vermeiden und in der Angst vor dem Christförmigwerden, das Schmerzen einschließt, die befreiende Liebe aufzuschieben.
Dies gilt auch in allen individuellen Beziehungen. Wenn es wahr ist, daß der Reichtum des Menschen sein Reichtum an menschlicher Beziehung ist, dann gehören die daraus erwachsenden Schmerzen notwendig mit zu unserem Reichtum. Je mehr wir lieben, an je mehr Menschen wir Anteil nehmen, je enger wir verbunden sind, desto wahrscheinlicher ist es, daß wir in Schwierigkeiten geraten und Schmerzen erfahren. Die Mißerfolge der Liebe, ihre erfahrene Vergeblichkeit weisen die Men-

schen an auf eine Sinnvergewisserung, einen Trost, der theologisch im Modell des Paradoxes ausgesprochen wird. Die Hoffnung auf eine bessere Zukunft muß auch in den jetzt leidenden Subjekten als Gegenwart, als Trost festgemacht sein: Gott muß auch im Elend für den Menschen gedacht werden, die Wahrheit auch der jetzt nichts ausrichtenden Liebe bleibt darin gewiß.

Wenn Gott schon nicht unmittelbar helfend, rettend, sich als Heil verwirklichend eingreift, so ist der Trost der Zukunft ohne alle Gegenwart abstrakt, und eine Alternative, wie Hedinger sie formuliert als »Zukunft oder Paradox?«, ist falsch. Es gibt keine Zukunft, wenn die Menschen, die sie erfahren können, im Leiden nur auf später warten, ohne reale Erfahrung ihrer Wahrheit, ihres Sinnes. Das Paradox — daß Gott uns liebt, auch dann, wenn nichts davon sichtbar ist — ist die subjektive Ermöglichung der Zukunft; gäbe es kein Paradox, so wäre die Zukunft nicht für alle, sondern nur für die dann noch übrigen Menschen von Interesse.

Das Christentum hat sich im Paradox eine Denkfigur geschaffen, die die Stärke des jetzt Glaubenden und nicht die künftige Stärke Gottes, der sein Reich heraufführt, betont. »Dennoch bleibst du auch im Leide, Jesu, meine Freude.«[15] Das ist nicht nur Innigkeit — und schon gar nicht Ergebung, das ist mystischer Trotz. Das Paradox ist eine Schlinge, in der wir Gott fangen; er kann uns nicht kleinkriegen. Wie er sich auch verhält, strafend, experimentierend — was wir auch erfahren an Zerstörung, wir halten den Widerspruch der Liebe gegen die Erfahrung.

Es ist nicht der Sinn des Kreuzes, Gott mit dem Elend zu versöhnen und uns im Paradox abzuspeisen. Die Einheit von Kreuz und Auferstehung, Scheitern und Sieg, Weinen und Lachen macht die Utopie eines besseren Lebens erst möglich. Wer nicht weint, hat sie nicht nötig, und wer nur weint, dem bleibt Gott stumm.

Der christliche Gott ist kein kleiner chinesischer Glücksgott, wie Brecht ihn lobte, in dessen Reich es möglich ist, mangel- und leidfrei zu bleiben. Alles dies hätte Jesus, Brote vermehrend und Kranke heilend, ja auch haben können. Jesus hat sich statt dessen mit den Leidenden identifiziert und ist um ihrer Krankheiten willen krank geworden; um der Leidenden willen ist er beleidigt worden, um den Tod zu überwinden, ist er, wie alle, sterblich geworden. Sich auf den Weg Jesu einzulassen bedeutet, auch am Paradox festzuhalten.

Man muß allerdings sehen, daß das Paradox eine Kategorie ist, die im strengen Sinn dem einzelnen gilt. Die Rechtfertigung gesellschaftlichen Elends durch eine paradoxe Theologie ist ein makabrer Anblick. Wenn die reichen weißen Völker den Hungernden das Paradox und nicht die Befreiung anempfehlen, so wird das Paradox zum theologisch-imperialistischen Trick. Aber auch individuell verstanden kann man die »Freude im Leid« vielleicht vorleben oder zeigen, aber kaum verbal anempfehlen oder seelsorgerisch benutzen. Ein Mensch kann wohl für einen anderen leiden, aber er kann nicht die Annahme des Schmerzes für den andern leisten. Er kann ihm helfen, indem er mit ihm trauert, aber die Aufgabe, »mit dem eigenen Schmerz dem Schmerz Gottes zu dienen«, kann er nicht für ihn erledigen. Er kann das Leiden nicht für einen anderen produktiv machen. Das bleibt dem erwachsen gewordenen einzelnen überantwortet. Wir können einander dabei nur durch Hinweise helfen — und wenn dieses Buch versucht, Menschen dafür zu gewinnen, ihre Schmerzen produktiv zu machen und ihr Leben auch als ein leidvolles zu lieben, so versteht sich das Paradox als eine Hilfe im Prozeß der Befreiung.

Gegen diese Tendenz der Ermutigung zu einem humanisierenden Leiden erhebt sich immer wieder ein Einwand. Sind solche Überlegungen nicht nur für die Starken geschrieben? Setzen sie nicht ein Maß an Erwachsensein, Ich-Stärke, Kraft, Lebenswillen voraus, der gerade den am meisten Leidenden fehlt? Ist nicht das Pathos der Annahme gebunden an äußerst glückliche Bedingungen der Kindheit, Erfahrungen der Bestätigung, wie wir sie zum Beispiel in der Lebensgeschichte von Jacques Lusseyran fanden? Was ist mit den vielen anderen, werden sie nicht diesen wie alle Versuche, aus Leiden zu lernen, weglegen, weil gerade ihr Leid ihnen keine Chance dieser Art, keine Möglichkeit der Verwandlung offenzulassen scheint? Ich denke an viele Leute der jungen Generation, die sich selber als »kaputte Typen« ansehen. Die politische Frustration, die sie in den verschiedenen Lebensbereichen erfahren haben, hat ihre Reizbarkeit, nicht aber ihre Leidensfähigkeit erhöht. Sie hat die große Angst vor dem Erwachsenwerden verstärkt. Die Schwierigkeit, Verantwortung zu übernehmen in einem System, das jeder wirklichen Übernahme von Verantwortung Grenzen steckt und sich die kleinen Fürsorgen und Verantwortungen integrativ zunutze macht, wird äußerst scharf gesehen. Das Leiden an der Gesellschaft und die psychischen Schwierigkeiten des einzelnen werden zu einem Teufelskreis, in dem Heilung schon fast als bloße Anpassung und die psychisch Kranken als die einzig normal Reagierenden angesehen werden. Die Anzahl derer, die das Leiden an der Gesellschaft wie das eigene als eine produktive Kraft zu verstehen wagen, ist zu gering; die Versuchung, Leiden zu vermeiden, zu groß.

Viele schließen sich politischen Gruppen an, auch deswegen, weil sie das Bedürfnis nach Geborgenheit, Liebe und Angstlosigkeit empfinden. Aber oft werden sie auch in der eigenen Gruppe enttäuscht, weil Konkurrenz- und Machtdenken auch im Binnenraum der ideologisch Gleichgesinnten dominieren und die Schwachen an die ausliefern, die besser reden können und »ein fast ausschließliches psychologisches Machtmonopol« besitzen. »Das psychische Elend besteht weiter«[16] und muß weiterbestehen, solange die ganze Kraft solcher Gruppen auf Kritik, Destruktion und Kampf hin orientiert ist und die Möglichkeiten der Affirmation verpönt und intellektuell diffamiert werden. Das, worum der Kampf geht, muß aber benennbar bleiben, wir müssen es vorwegnehmen können — in der Feier, im Spiel. Die Sprache der Analyse und des Aufrufs allein genügt nicht, es ist notwendig, eine Sprache der Heimat zu finden, in der die Wünsche formulierbar werden.

Die Möglichkeiten der zweckfreien Bejahung, des emotionalen Selbstausdrucks und der Selbstverwirklichung, der angstfreie Raum, in dem Menschen miteinander kommunizieren können, sind zurückbezogen auf eine tiefere Liebe zum Leben, die aber formuliert, getanzt und gesungen, werden muß. Wenn Gott nirgends mehr gelobt werden darf, wenn die Ansicht vorherrscht, daß es schlechterdings im falschen Leben kein richtiges und nichts zu loben gibt, so multiplizieren sich die Ängste

voreinander. Daß in den politischen Gruppen der Linken Menschen beieinander sind, die das Leben umfassender und für alle bejahen, das wird durch die Attitüde der permanenten Destruktion unerkennbar gemacht und den Gruppenmitgliedern verstellt. Die eigene Schwäche muß dann um jeden Preis versteckt gehalten werden. Das Leiden bleibt destruktiv, die ihm Unterworfenen sehen im gegenwärtigen Leben keinen Sinn und ergreifen häufig als einzige Möglichkeit des Nichtmehr-Leidens die bürgerliche Anpassung. So machen sie das, was mehr als eine Jugendbewegung war, im nachhinein zu einer solchen Phase. Sie verfallen dann der bürgerlichen Apathie schlimmer als ihre Väter, weil ihnen bewußt ist, was sie tun, und sie die Verdrängung dieses Bewußtseins immer noch leisten müssen. Ohne das Paradox, daß auch im falschen Leben das andere erscheinen und blühen kann, wird die Hoffnung zum Krampf; ohne die unendliche Affirmation wendet sich die radikale kritische Attitüde gegen den Negierenden selber und liefert ihn hilflos einem Leiden ohne Lernen aus.
Dabei wäre eine Anschauung dessen, wie der eigene Schmerz »dem Schmerz Gottes in der Welt dienen« kann, am ehesten von dieser Generation zu gewinnen, deren Sensibilität so viel mehr Realität, Wahrnehmung der Leiden anderer, so viel weniger bloßen Weltschmerz enthält als der vergleichbarer Jugendbewegungen.
»Wir können den Ruf befolgen, wir können ausrutschen und fallen, wir können die Schrift an der Wand lesen, wir können Asche auf uns fallen lassen — oder auch keine. Es liegt an uns.
Wir können sagen, alles sei in Ordnung, vom geheizten

Swimming Pool angefangen, wir können einem hungernden Narren Juwelen reichen. Laßt uns die Herrschaft umkrempeln.
Wenn wir endlich begreifen, daß es nur diese eine Welt gibt, werden wir erkennen, daß wir alle in der gleichen Haut stecken. Können wir mithalten oder ist alles vergebens?«[17]
Die letzte Frage dieses Songs ist die Frage nach der Humanisierung des Leidens. Kann es produktiv werden — oder müssen wir Asche auf uns fallen lassen? Zumindest kann die Anzahl der Menschen, die das eigene Leiden angstfrei erleben und es als eine Stärkung erfahren, wachsen. Es ist natürlich, daß wir uns vom Leiden abwenden, ihm zu entgehen suchen, wo immer dies möglich ist, daß wir es verkleinern und verdrängen, bei uns und bei andern. Es ist natürlich, die Augen zu schließen, wo wir jemanden leiden sehen. An dieser natürlichen Brutalität sterben die Menschen. Läßt sie sich humanisieren?
Die Erfahrungen, die man bisher in der Geschichte der Menschheit gemacht hat, widersprechen den Hoffnungen. Aber nicht vollständig, nicht ausweglos. Die Auswege eines anderen Leidens und eines anderen Mitleidens sind sichtbar, wenn auch klein und wie zugeschüttet von den Schmerzen. Sie bestehen nicht in der Flucht und in der Abwendung, sondern in dem umfassenderen Eingehen in die Wirklichkeit. Das Leben so lieben, daß unsere Bejahung die Beschädigung und den Schmerz einschließt! Wir könnten viele Leiden und die Bitterkeit der Leiden vermeiden. Aber nur um einen Preis, der zu hoch ist: wenn wir aufhören zu lieben. Dann tut es uns nicht weh, dann kommen wir nicht ans Kreuz, dann ge-

hören wir zu denen mit der glatten Haut und dem Anspruch auf ein angenehmes Weiterfunktionieren. »Wir können sagen, alles sei in Ordnung, vom geheizten Swimming Pool angefangen...« Nur verlassen wir dann die anderen und uns selber, wir haben unsere Seele verkauft, wir bejahen dann nur einen kleinen Ausschnitt der Wirklichkeit, nicht die ganze, die große, in deren Mitte das Kreuz steht.

4. Es gibt kein fremdes Leid

Dennoch bleibt die Frage nach den sinnlos Leidenden und Zerstörten bestehen. Sie kann nur angegangen, nicht endgültig beantwortet werden von denen, die im Leiden lernen. Ihre Antwort wird den Versuch der Änderung nicht aufgeben, sie wird aber auch an den Grenzen dieses Versuchs nicht haltmachen. Sie wird dort, wo nichts zu machen ist, mitleiden.
Sieht man von einem sentimentalen Erschauern ab, so ist uns das Mit-Leiden nicht natürlich oder selbstverständlich. Der Instinkt der Hühner, sich auf das verwundete zu stürzen, ist unter uns nur wenig gemildert. In einem Film über Vietnam kommentiert der russische Dichter Konstantin Simonow die Bilder der Zerstörung der Häuser.

»Um das Leid anderer Leute zu verstehen, muß man wahrscheinlich wenigstens einmal im Leben wenigstens für eine Minute sich an die Stelle eines jeden von ihnen versetzen.
Versuchen wir, uns das Schicksal dieser Familie vorzu-

stellen, oder dieser Familie, oder der da, wenn Sie nicht im Staate Texas oder in Rhode Island, sondern in der Provinz Nang Na oder Quang Binh wohnen würden. Sie mit ihrer ganzen Familie, ja? Das ist Ihr Mann. Und wissen Sie, daß man ihn vom Hubschrauber aus erschossen hat, als man den Dschungel durchkämmte? Und Ihr ältester Sohn flog in Stücken auseinander durch eine Plastikmine, die von einem amerikanischen Flugzeug abgeworfen wurde. Und Ihr mittlerer Sohn wurde bei einem Luftangriff umgebracht. Und den jüngeren traf der Splitter einer Granate eines amerikanischen Kreuzers. Und dieser, der kleinste, blieb zuerst am Leben. Man goß ein bißchen Napalm über ihn und versuchte, ihn nachher im Krankenhaus zu retten. Man rettete ihn aber nicht. Und Sie sind allein. Denn um nur fünf Menschen zu töten, braucht man wenig Zeit.

Nein, Ihnen ist das alles nicht passiert. Ich gebe Ihnen Ihre Angehörigen zurück, Ihre Familie ist wieder beisammen, Gott sei Dank.

Aber diese Frau, sie hat tatsächlich niemand. Sie ist allein geblieben, allein. Also versuchen Sie sich vorzustellen, daß das alles nicht ihr geschah, sondern Ihnen, und nicht irgendwann vor langer Zeit, sondern gestern, heute, jetzt. Ich habe sie Ihnen zurückgegeben. Ich nahm sie Ihnen nur, um sie dazu zu bringen, wenigstens eine Minute darüber nachzudenken, und gab sie Ihnen wieder. Und ihr? Ihr kann man niemand zurückgeben, sie ist allein. Und er ist allein.

Unter den Bomben
sie vom Tod zu retten
holt man die hunderste Nacht

die Kinder aus den Betten.
Unter den Bomben
müssen sie sich am Tage verstecken,
und in der Nacht
kommt man sie wecken.
Er ist fünf, der schon neun.
Auf sie richten sich Waffen.
Am liebsten drei Monate
wollen die Kinder schlafen.
Hören die Bomben,
die Vater oder Mutter trafen.
Aber außerdem
möchten sie schlafen.
Kein Gewissen erwacht hier mehr
zur rechten Zeit.
Nichts nimmt von diesen Augen mehr
die Schlaflosigkeit.
Und die Ärzte haben keine Tabletten,
um für die Kinder die Kindheit
aus diesen Nächten zu retten.«[18]

»Es gibt kein Leid, das fremdes Leid ist«, sagt Simonow. Das ist kein konstatierender Satz, es ist ein Wunsch, eine Hoffnung, die von der vorausgesetzten Brüderlichkeit aller Menschen zehrt. Es läßt sich nicht begründen, warum es kein fremdes, kein fernes, kein uns nichts angehendes Leid gibt. Jede Begründung eines solchen Satzes macht ihn ärmer und kleiner. Er ist nicht ableitbar, er wird vielmehr einem denkenden und fühlenden Wesen zugemutet. Wo immer Leiden ist, da geht es dich an. Daß die Leidenden zusammengehören, nicht von den anderen zu trennen sind, daß der Schmerz nicht aufteilbar ist auf Freunde und Feinde, das gehört zur Religion der Sklaven. Es gibt kein fremdes Leid, wir alle gehören dazu, wir sind mitbeteiligt. Man wird über unsere Lebenszeit sagen, daß da der Vietnamkrieg war, und wir werden gefragt werden, wo wir standen, ob wir mitlitten oder den Leidmachern halfen. Das Leiden duldet keine Neutralität, keinen Pilatusstandpunkt.

In der mythischen Sprache war es möglich, zu sagen, daß Gott alle Tränen abwischen wird. Es ist eine Sprache, die die Wahrheit derer, die um ihr Leben betrogen worden sind, einklagt. Es ist die Sprache der Liebe, die sich nicht trösten lassen will, die so etwas aussagt. Ausgelegt wurde diese Sprache des Mythos im Rahmen der metaphysischen Weltanschauung von zweierlei Räumen und Zeiten. Ist diese Auslegung unmöglich geworden, das heißt, bedeutet sie nichts mehr und kann ihr Trost — des Weiterlebens und des Wiedersehens — niemanden mehr trösten, so bleibt zu fragen, ob es eine andere Auslegung dessen, was in der mythischen Sprache versprochen war, gibt. Der Satz »Es gibt kein fremdes Leid« deutet in die Richtung einer solchen Auslegung dessen, was einst nur im Zwei-Welten-Schema verifiziert werden konnte. Daß Gott die Tränen abwischen wird, kann nicht mehr in einem unmittelbaren Sinn genommen werden. Das vierzehnjährige jüdische Kind Chaim ist tot; von welchem Gesicht soll Gott die Tränen abwischen? Der so vorgestellte Gott kommt zu spät. Aber wenn Gott nicht als eine fremde Übermacht gedacht wird, sondern als das, was zwischen Menschen sich ereignet, dann hört die Beziehung zu diesem Kind mit dem Tod nicht auf, sie ist dann nicht im individuellen Verlauf des Lebens getilgt. Es ist zu viel Unabgegoltenes in diesem

Leben. Es gibt kein fremdes Leid: dieser Satz schließt auch die Toten ein. Ihr Schmerz ist der unsere, ihr Tod ist nicht einfach der »Tod des andern«, der von meinem radikal unterschieden ist. Wir können so leben, daß unser Leben eine Hoffnung darstellt darauf, daß andere Kinder nicht mehr leiden.

Man kann dem entgegnen: Was nützt es Chaim und den andern toten Kindern? Aber der darin festgehaltene Rahmen der Existenz als einer individuellen ist zugleich auch eine Begrenzung, die unser Denken und Empfinden überwinden wird. Wenn es kein fremdes Leid mehr geben wird, so gibt es auch kein fremdes Leben. Die Zerstörung oder die Rettung von Leben bedeutet dann jeweils für alle Zerstörung oder Rettung. Dann ist die Hoffnung für Chaim, daß unsere Kinder nicht mehr leiden müssen, eine Hoffnung, die man nicht abwehren kann, sagend, was hat er denn davon ... Ein Mensch hat in der Tat etwas von dem Leben, das nicht mehr er ist, aber an dem er teilnimmt. Der Satz des zum Tode Verurteilten »ich werde sterben, ich werde leben« wird dann für alle gelten, auch für die, die ihn selber in ihrem Leben nicht sagen lernten. Es gibt kein fremdes Leid, es gibt keine fremde Auferstehung.

5. Noch einmal: Iwan und Aljoscha

Auf das äußerste Leiden, in dem die Betroffenen verstummen und Lernen nicht mehr möglich ist, gibt es zwei mögliche Antworten, die Dostojewski in den Brüdern Karamasow exemplarisch dargestellt hat. Das Kapitel mit dem entscheidenden Gespräch zwischen den beiden Brüdern trägt die Überschrift »Die Empörung«. Iwan spricht vom Leiden der Unschuldigen, von den Kindern. »Von allen übrigen Tränen der Menschen, von denen die ganze Erde von ihrer Rinde bis zum Mittelpunkt durchtränkt ist, davon will ich kein Wort reden ... Nach meinem euklidischen Verstande weiß ich nur eins, daß nämlich Leiden existieren, ohne daß es Schuldige gibt ...«[19] Die Erklärung, daß dieses Leiden einer »höheren« oder »künftigen« Harmonie diene und somit gerechtfertigt sei, will er nicht annehmen. »Einen gar zu hohen Preis hat man auf die Harmonie gesetzt, meine Tasche erlaubt es mir durchaus nicht, so hohen Eintrittspreis zu zahlen. Daher beeile ich mich auch, meine Eintrittskarte zurückzugeben ... Nicht, daß ich Gott nicht gelten lasse, Aljoscha, aber ehrerbietigst gebe ich ihm die Eintrittskarte zurück.« Darauf antwortet Aljoscha, leise, die Augen niederschlagend: »Das ist Empörung.«[19]

Iwan will kein »Empörer« sein. »Sag, kann man denn leben in Rebellion? Ich aber will doch leben ...« Aber der Gedanke des Leidens der Unschuldigen führt ihn zu der Konsequenz der Empörung, er ist, wie manche Gestalten Dostojewskis, Atheist um der Liebe willen. Aljoscha verweist ihn auf Christus — auf das Leiden des einen Unschuldigen.

Iwan empört sich über das Leiden, aber auch Aljoscha lehnt es ab, die Harmonie, den Frieden und die Ruhe damit zu erkaufen, daß man nur ein einziges winziges Wesen zu Tode quälen müßte. »Nein, ich würde nicht einwilligen.«

Wie läßt sich Aljoschas Position verstehen? Heinz Robert Schlette hat sie als »Pietät« bestimmt, als die Position des überkommenen Glaubens; »der schweigenden, nicht-mehr-fragenden, nicht-mehr-verstehenden, aber dennoch gehorsam-demütigen Unterwerfung unter das Unbegreifliche«[20]. Aber ist diese Charakterisierung richtig? Aljoscha spricht an keiner Stelle eine objektive Billigung aus, und eine künftige Harmonie, die mit den Tränen auch nur eines einzigen zu Tode gefolterten Kindes bezahlt wird, weist er ebenso wie Iwan zurück. Der Unterschied zwischen den Brüdern ist die Blickrichtung. Iwan erhebt sich gegen den verursachenden oder zulassenden Gott. Mit seiner Harmonie will er nichts zu tun haben. Seine Geste ist die der Anklage, der Rebellion. Aljoscha richtet seinen Blick nicht auf die obere Macht, sondern auf die Leidenden. Er stellt sich neben sie, er trägt ihre Schmerzen mit ihnen. In diesem Gespräch sagt er fast nichts, er hört gequält zu, wie Iwan seine gesammelten Zeugnisse des Leidens gegen die Barmherzigkeit Gottes anführt. Später steht Aljoscha auf, geht auf den Rebellen und Empörer Iwan zu und küßt ihn schweigend auf die Lippen. Es ist dieselbe Geste, mit der Christus in der Legende vom Großinquisitor fortgeht: er schweigt, er leidet mit, er umarmt den andern. Die Kraft Aljoschas ist das schweigende Mit-Leiden. Ich glaube nicht, daß man sie mit »Demut« oder »Unterwerfung« richtig beschreibt. Gott ist nicht über Aljoscha, so daß er sich seiner unbegreiflichen Herrschaft unterwerfen müßte. Er ist in ihm; Aljoscha vertritt im ganzen Buch das Verhalten Christi. Wenn man von Demut sprechen kann, so liegt sie darin, daß die Beziehung zu den Leidenden so stark ist, daß alle anderen Fragen dem nachgeordnet werden. Die Demut bezieht sich nicht auf Gott, sie ist der Mut, anderen ohne Frage oder Bedin-

gung zu dienen. Aljoscha könnte das Bild von der »Eintrittskarte«, die zum Theaterbesuch berechtigt, nicht benutzen, weil er sich nicht als Zuschauer oder Beurteiler versteht. Er spielt selber mit, und zwar an der jeweils schlechtesten Stelle, dort, wo gelitten wird und wo Menschen beschämt und gedemütigt werden.
Aljoscha versucht nicht, »gottförmig« zu werden, was auch bedeutet, eine Gesamtlösung für die Welt zu fordern. Ist die Gesamtlösung und die vollständige Leidaufhebung nicht verwirklichbar, so entsteht die Art von Rebellion, gegen die Iwan sich wehrt, weil man in ihr, wie Dostojewski sehr scharf sieht, nicht leben kann. Die Konsequenz wäre der Selbstmord, und oft ist Iwans Bild von der zurückgegebenen Eintrittskarte, das zunächst, strenggenommen, die Ablehnung der Teilhabe an der ewigen Seligkeit, an der himmlischen Harmonie meint, verstanden worden als eine Zurückweisung der Bedingungen überhaupt, unter denen das Leben hier stattfindet. In dieser Konsequenz verstanden, verklagt die Geste Iwans nicht nur das ungerechte Leiden, sondern um seinetwillen das Leben selber. Daß Iwan in dem Fragment gebliebenen Roman an Gehirnentzündung erkrankt, deutet diese totale Negation an, schärfer als ein vollzogener Selbstmord es vermöchte.
Der andere Weg heißt: Christi Bruder werden. Er enthält den Verzicht auf die Gesamtlösung, und der Blick richtet sich vom Himmel fort auf die hier Leidenden hin. Iwan ist metaphysisch orientiert in seiner Empörung, Aljoscha irdisch in seiner Solidarität. Man kann den Gegensatz zwischen beiden auch an der Art, wie sie hoffen, darstellen. Beide sehnen sich nach einer anderen, einer leidfreien Welt. Aber was für Iwan Illusion ist, ist

für Aljoscha Hoffnung; der Unterschied ist minimal, er ist nicht mehr und nicht weniger als wir selber, als die Teilnahme am Prozeß der Verwirklichung von Hoffnung. Eine Zukunftserwartung wird zur Hoffnung erst durch den leidenden Einsatz in das Geheimnis, das Aljoscha mit dem Namen Christi benennt. Die Hoffnung, die einen Zuschauer bei einem Spiel bewegt, kann Illusion sein; erst wenn wir selber auf dem Spiel stehen und unser eigenes Leben mit dem Ausgang des Spiels unlöslich verbinden, dann entsteht Hoffnung. Sie ist nicht subjektivistisch, hat aber in der Tat mit Subjekten und der Praxis von tätigen und leidenden Menschen zu tun.

»In Wahrheit ist jeder in allem und vor allen schuldig«, lautet einer der aus dem russischen Mönchtum stammenden Sätze, die Aljoscha zu leben versucht. Von dieser Tradition zehrt auch Simonow noch. Nur die Liebe kann sich selber so schuldig sprechen und alles Leiden, das wir nicht verhindert oder abgewandt haben, auf sich nehmen. Wo immer Menschen leiden, da steht Christus bei ihnen. Weniger mythisch gesprochen: solange Christus lebt und seiner gedacht wird, werden seine Freunde bei den Leidenden sein. Dort, wo keine Hilfe möglich ist, erscheint er nicht als der überlegene Helfer, nur als der, der mit ihnen geht. Daß einer des andern Last trage, ist der simple und deutliche Ruf, der aus allem Leiden kommt. Es ist möglich, die Last tragen zu helfen, allem Reden über die letzte Einsamkeit des Menschen zum Trotz. Es ist eine Gesellschaft denkbar, in der niemand so allein gelassen wird, daß nicht jemand an ihn dächte und bei ihm bleiben könnte. Wachen und beten sind möglich.

»Jeder, der einem andern hilft,
ist Gethsemane,
jeder, der einen andern tröstet,
ist Christi Mund.«[21]

Daß Menschen leiden und untröstlich sein können, ist hier angenommen. Wir sollten uns den Traum von einem Menschen, der keinen Trost braucht, verbieten. Wir sollten auch aufhören, das Leiden in die bloße Vorgeschichte der Menschen einzuordnen, weil diese Einordnung einen Akt der Selbstverachtung darstellt. Weinen hat seine Zeit und Lachen hat seine Zeit, Trost brauchen und trösten ist menschlich, so menschlich, wie Christus war.

Wir können die sozialen Bedingungen, unter denen Menschen vom Leiden getroffen werden, verändern. Wir können uns selber ändern und im Leiden lernen, statt böser zu werden. Wir können das Leiden, das heute noch für den Profit weniger gemacht wird, schrittweise zurückdrängen und aufheben. Aber auf all diesen Wegen stoßen wir an Grenzen, die sich nicht überschreiten lassen. Nicht nur der Tod ist eine solche Grenze, es gibt auch Verdummung und Desensibilisierung, Verstümmelung und Verwundung, die nicht mehr rückgängig gemacht werden können. Die einzige Form des Überschreitens dieser Grenzen besteht darin, den Schmerz der Leidenden mit ihnen zu teilen, sie nicht allein zu lassen und ihren Schrei lauter zu machen.

Anmerkungen

Einleitung
[1] *K. Marx*, Zur Kritik der Hegelschen Rechtsphilosophie, in: Frühschriften, ed. Landshut, Stuttgart 1953, 216.
[2] Rabbi Bunam, in: *M. Buber*, Die Erzählungen der Chassidim, Zürich 1949, 755.
[3] *K. Marx*, Frühschriften, a. a. O., 339 f.
[4] Schallplatte Tell it all, brother *(Alex Harvey)*, *Kenny Rogers* and the first Edition (RS 6412).

Kapitel I: Zur Kritik des christlichen Masochismus
[1] Nach *M. Seeman*, On the Meaning of Alienation, in: American Sociological Review, Vol. 24, 1959, 783 ff. (zitiert nach *H. P. Dreitzel*).
[2] Vgl. *E. Jüngel*, Tod, Stuttgart 1971. Die wichtigste These dieses Buches ist die Bestimmung des Todes als Verhältnislosigkeit.
[3] *H. P. Dreitzel*, Die gesellschaftlichen Leiden und das Leiden an der Gesellschaft. Vorstudien zu einer Pathologie des Rollenverhaltens, Stuttgart 1968, 365.
[4] *S. Weil*, Das Unglück und die Gottesliebe. Mit einer Einführung von *T. S. Eliot*, München 1953, 110—134, alle Zitate aus diesem Aufsatz.
[5] Vgl. *Chr. Barth*, Die Errettung vom Tode in den individuellen Klage- und Dankliedern des Alten Testaments, Zollikon 1947.
[6] Vgl. *J. Brenning / R. Brocks / Chr. Gremmels / D. Preiss*, Leid und Krankheit im Spiegel religiöser Traktatliteratur. Eine Problemanzeige, in: Theologia Practica, 7. Jg. 1972, 302 ff. Alle hier gegebenen Zitate stammen aus dieser Untersuchung, dort auch einschlägige Literatur. Unter »Traktatliteratur« wird verstanden: »die ›Lesehilfen für kranke Menschen‹, Meditationshilfen in Taschenbuchformat und jene in hohen Auflagen von ca. 50 Verlegern verbreiteten Broschüren, Hefte und Faltblätter, die in besonderen Winkeln christlicher Buchhandlungen käuflich erworben werden oder von kirchlichen Institutionen unentgeltlich in Krankenhäusern verteilt werden«.
[7] *D. Bonhoeffer*, Widerstand und Ergebung, Neuausgabe, München 1970, 379.
[8] *K. Rahner: H. Vorgrimler*, Kleines theologisches Wörterbuch, Freiburg 1961 (Herderbücherei 108/109), Stichwort »Leiden«.

[9] *A. Schmidt*, Leviathan, 1949. Neuausgabe Frankfurt 1963 (Bibl. Suhrkamp 104).
[10] *J. Scharbert*, Der Schmerz im Alten Testament, Bonn 1955.
[11] Vgl. *E. Lohse*, Märtyrer und Gottesknecht. Untersuchungen zur urchristlichen Verkündigung vom Sühnetod Jesu Christi, Göttingen 1955.
[12] *S. Freud*, Das Unbehagen in der Kultur, in: Das Unbewußte. Schriften zur Psychoanalyse, Frankfurt 1960, 360.
[13] *H. Quistorp*, Die letzten Dinge im Zeugnis Calvins. Calvins Eschatologie, Gütersloh 1941, 159 (= Corpus Reformatorum 80, 190).
[14] *Quistorp*, a.a.O., 159 f. (= Corp. Ref. 77, 544) »quia Dominus eos instar pecorum saginat in diem occisionis«.
[15] *Quistorp*, a.a.O., 147 (= Corp. Ref. 70, 138), wörtlich »par leur confusion«.
[16] *W. Herbst*, Quellen zur Geschichte des evangelischen Gottesdienstes. Göttinger Theolog. Lehrbücher, 1968, 114 und 119. Übersetzung nach Joannis Calvini opera selecta, ed. P. Barth / W. Niesel, Vol. II, München 1952, 18 ff.
[17] *Herbst*, a.a.O., 121 (nach der Vaterunserparaphrase zu sprechen!).
[18] *Herbst*, a.a.O., 119 und 121.
[19] *U. Hedinger*, Wider die Versöhnung Gottes mit dem Elend. Eine Kritik des christlichen Theismus und Atheismus, Zürich 1972, 33.
[20] *Hedinger*, a.a.O., 49, 54 und 112.
[21] *J. Moltmann*, Der gekreuzigte Gott. Das Kreuz Christi als Grund und Kritik christlicher Theologie, München 1972, 263.
[22] *W. Popkes*, Christus Traditus. Eine Untersuchung zum Begriff der Dahingabe im Neuen Testament, 1967, 286 f. (zitiert nach *Moltmann*, 228).
[23] *H. Himmler*, Rede bei der SS-Gruppenführertagung in Posen, 4. 10. 1943, zitiert nach: *W. Hofer*, Der Nationalsozialismus. Dokumente 1933—1945 (Fischerbuch 172), Frankfurt 1957.
[24] Ich gehe nicht auf die Deutungsgeschichte ein, möchte aber auf die literaturwissenschaftliche Interpretation von *Erich Auerbach* hinweisen (in: Mimesis. Dargestellte Wirklichkeit in der abendländischen Literatur, Bern 1959²).
[25] Eine Reihe von Lesern der ersten Auflage dieses Buches hat mich dankenswerterweise darauf aufmerksam gemacht, daß es sich um Max Planck handelt, dessen Sohn Erwin am 23. 1. 1945 von den Nazis hingerichtet wurde.

[26] *S. Kierkegaard*, Furcht und Zittern, dt. *E. Hirsch*, Düsseldorf 1950.

Kapitel II: Zur Kritik der nachchristlichen Apathie
[1] Aus: Frankfurter Rundschau, 13. 6. 72.
[2] Publik-Forum, März 73.
[3] *F. Kroetz*, Heimarbeit. Hartnäckig. Männersache. Drei Stücke, Frankfurt 1971 (es 473), 8.
[4] *E. Fromm*, Das Menschliche in uns, Zürich 1968, 49.
[5] *F. Heer*, in: Hochland 50, Heft 6, 1958, 531.
[6] *H. Küng*, Menschwerdung Gottes, Freiburg 1970. Darin: Exkurs II: Kann Gott leiden?, 622—637.
[7] Vgl. *Moltmann*, a. a. O., 256.
[8] Vgl. *Küng*, a. a. O., 626.
[9] *Küng*, a. a. O., 628.
[10] *K. Kitamori*, Theologie des Schmerzes Gottes, Göttingen 1972.
[11] *K. Kitamori*, a. a. O., 79 und 98.
[12] Vgl. *D. Sölle*, Politische Theologie, Stuttgart 1971, 76 ff.
[13] *K. Kitamori*, a. a. O., 98.
[14] *J. Bobrowski*, Das Land Sarmatien. Gedichte, Stuttgart 1966 (dtv), 75 f.

Kapitel III: Leiden und Sprache
[1] Aus: Ihr aber tragt das Risiko. Reportagen aus der Arbeitswelt, hrsg. vom Werkkreis, Hamburg 1970 (ro-ro-ro 1447), 35 ff.
[2] Ihr aber..., a. a. O., 108 und 106.
[3] Vgl. *H. P. Dreitzel*, a. a. O., 326.
[4] Ihr aber..., a. a. O., 106.
[5] Vgl. *M. Herzog*, Akkordarbeiterinnen bei AEG-Telefunken, in: Kursbuch 21, September 1970.
[6] Ihr aber..., a. a. O., 7 (Vorwort).
[7] *Th. Müntzer*, Das Prager Manifest, November 1521, in: Müntzer, Die Fürstenpredigt. Theologisch-politische Schriften, Stuttgart 1967 (Reclam Nr. 8772/73), 15.
[8] Ihr aber..., a. a. O., 102 ff.
[9] *M. Veit*, Gebet und Engagement, in: Ev. Erzieher, 24. Jahrg., Heft 11, November 72, 461 ff.
[10] *S. Weil*, Schwerkraft und Gnade, München 1954, 213.
[11] *M. Veit*, a. a. O., 465.
[12] *R. M. Rilke*, Ausgewählte Werke, Wiesbaden 1948, 167 (Auszug).

[13] Vgl. *J. Moltmann*, a.a.O., 55 ff.
[14] Du hast mich heimgesucht bei Nacht. Abschiedsbriefe und Aufzeichnungen des Widerstandes 1933—1945, München 1957, 117 f.
[15] Du hast mich heimgesucht, a.a.O., 118 f.
[16] *C. Pavese*, Das Handwerk des Lebens. Tagebuch 1935—1950, München (dtv) 1963, 160.

Kapitel IV: Die Wahrheit der Annahme
[1] *J. Lusseyran*, Das wiedergefundene Licht, Hamburg 1971² (Siebenstern-Taschenbuch 155), 12 f.
[2] *J. Lusseyran*, a.a.O., 17 und 25.
[3] *J. Lusseyran*, a.a.O., 206 f. und 200.
[4] *E. Bloch*, Atheismus im Christentum. Zur Religion des Exodus und des Reichs, Frankfurt 1968, 94 und 285.
[5] *Meister Eckart*, Deutsche Predigten und Traktate, München 1969, 308.
[6] *A. Auer*, Leidenstheologie des Mittelalters, Salzburg 1947.
[7] *E. Bloch*, a.a.O., 94.
[8] *Meister Eckart*, Deutsche Predigten, ed. Pfeiffer, sermo 104 (in der wissenschaftlichen Ausgabe noch nicht enthalten).
[9] *Auer*, a.a.O., 56.
[10] *H. Seuse*, Deutsche mystische Schriften, Düsseldorf 1966, 92.
[11] Vgl. *Chr. Pleuser*, Die Benennungen und der Begriff des Leides bei Johannes Tauler, Berlin 1967, 61, 56.
[12] Vgl. *Pleuser*, a.a.O., 73, 74, 75.
[13] *Auer*, a.a.O., 48.
[14] Vgl. *B. Brecht*, Maßnahmen gegen die Gewalt, in: Gesammelte Werke, Frankfurt 1967, Bd. 12, 375.
[15] *S. Freud*, Die Zukunft einer Illusion, in: Das Unbewußte. Schriften zur Psychoanalyse, Frankfurt 1960, 335.
[16] *Th. Müntzer*, a.a.O., 8.
[17] *Meister Eckart*, Deutsche Predigten, a.a.O., 399
[18] Vgl. *H. R. Schlette*, Skeptische Religionsphilosophie. Zur Kritik der Pietät, Freiburg 1972, 147 und 150.
[19] *P. Tillich*, Systematische Theologie, Stuttgart 1958, Bd. II, 80.
[20] *S. Weil*, Schwerkraft und Gnade, München 1954, 247.
[21] *B. Brecht*, Ges. Werke, Frankfurt 1967, Bd. 8, 205.
[22] *S. Weil*, Das Unglück und die Gottesliebe, München 1953, 116.
[23] *S. Weil*, a.a.O., 116 und 115.
[24] *E. Bloch*, a.a.O., 156.
[25] Vgl. *Bloch*, a.a.O., 159 und 161.

Kapitel V: Leiden und Lernen

[1] Text aus »Santa Maria de Iquique«, Regie und Buch: *Claudio Sapiain* (Dicap, Chile Films Santiago, 1971). Vgl. auch den Text einer Kantate, die im heutigen Chile entstanden ist, in: M. de los Milagros Verde / P. Landau, Mit der Gitarre kämpfen, Chilenische Chansons, in: Dokumente, März 1973, 53 ff.

[2] Vgl. Aischylos, Agamemnon, Vers 176 ff. »Zeus zeigt uns der Weisheit Weg / Und er lehrt als ewigen Satz / Daß der Mensch erst lernt durch Leid. / Atmet dir im Herzen statt des Schlafs / Bittre Qual, die weiß um Arges... Strenge Götter fügtens, voller Huld.«

[3] *J. B. Metz*, Erinnerung des Leidens als Kritik eines teleologisch-technologischen Zukunftsbegriffs, in: Ev. Theologie, Juli/August 1972, 4, 343.

[4] *Th. Müntzer*, Die Fürstenpredigt, Stuttgart 1967, 38 und 35.

[5] *Müntzer*, a. a. O., 22 und 23.

[6] *Müntzer*, a. a. O., 21.

[7] *M. Luther*, Werke, Berlin 1950, Bd. 7, Predigten, vgl. 102: »et non menge ineinander tuam passionem et Christi«, 103: »ne misceas tuam passionem passioni Christi« u. ä.

[8] *Th. Müntzer*, Manifest an die Allstedter Bergknappen, 15, zitiert nach: *H. J. Schultz* (Hrsg.), Die Wahrheit der Ketzer, Stuttgart 1968, 116 und 117.

[9] Letzte Briefe zum Tode Verurteilter aus dem europäischen Widerstand, dtv, 1962, 276, 306, 134, 278, 132, 100, 291 f., 260, 283, 254, 284.

[10] *A. Schopenhauer*, Sämtl. Werke, hrsg. v. W. von Löhneysen, Bd. I, 447 (Die Welt als Wille und Vorstellung, 4. Buch, § 59).

[11] *B. Brecht*, Karins Erzählungen. Ges. Werke, Frankfurt 1967, Bd. 7, Bd. 11, 230.

[12] *B. Brecht*, Meti. Ges. Werke, Frankfurt 1967, Bd. 12, 514.

[13] *A. Schopenhauer*, Die Welt..., a. a. O., Bd. II, 744 (4. Buch, Kap. 46).

[14] Vgl. *J. Moltmann*, a. a. O., S. 262. Ich übernehme den Text aus Moltmann, ohne seiner Interpretation folgen zu können.

[15] *M. Buber*, Werke, München 1963, Bd. 3, 749 und 752.

[16] *P. Ricoeur*, Die Interpretation. Ein Versuch über Freud, Frankfurt 1969, 561.

Kapitel VI: Die Religion der Sklaven

[1] S. Weil, Das Unglück..., a.a.O., 60.
[2] S. Weil, La Condition ouvrière, Paris 1951, zitiert nach: A. Krogmann, Simone Weil, Hamburg 1970, ro ro mono, 67.
[3] Sophokles, Antigone, Vers 522 ff. (Übersetzung von Hölderlin).
[4] S. Weil, Schwerkraft und Gnade, München 1954, 170.
[5] S. Weil, Vorchristliche Schau, München 1959, 149.
[6] S. Weil, Das Unglück, a.a.O., 114.
[7] S. Weil, Das Unglück, a.a.O., 114 und 115.
[8] S. Weil, Vorchristliche Schau, 149 f.
[9] S. Weil, Schwerkraft und Gnade, 212.
[10] S. Weil, Das Unglück, a.a.O., 47 ff.
[11] F. Nietzsche, Der Antichrist. Umwertung aller Werte, in: Werke, Leipzig 1930, Bd. 2, 215, 223, 238, 234.
[12] F. Nietzsche, a.a.O., 241 und 216.
[13] F. Nietzsche, a.a.O., 228.
[14] U. Hedinger, Wider die Versöhnung Gottes mit dem Elend, a.a.O., 154 und 149.
[15] J. Franck, Jesu meine Freude, 1653.
[16] Angstüberwindung und Selbstbefreiung, Mannheimer Papier des SDS, 1969.
[17] Jeffersone Airplane, When the earth moves again (Kantner) Grunt (FTR 1001).
[18] K. Simonow, Es gibt kein fremdes Leid. Filmkommentar (dt. von Stephan Hermlin).
[19] F. M. Dostojewski, Die Brüder Karamasow, 5. Buch, 4. Kapitel.
[20] H. R. Schlette, Skeptische Religionsphilosophie. Zur Kritik der Pietät, Freiburg 1972, 145.
[21] Aus der russischen Liturgie, zitiert nach G. Benn, St. Petersburg, Mitte des Jahrhunderts. Ges. Werke, Wiesbaden 1960, Bd. 1, 219.

Inhalt

Vorwort zur Taschenbuchausgabe 5
Einleitung: Die beiden Fragen 7

I. Zur Kritik des kirchlichen Masochismus 17

1. Eine Ehe *18*   2. Die Dimension des Unglücks *21*   3. Bedingungslose Unterwerfung *26*   4. Der theologische Sadismus *32*   5. Isaaks Opferung *39*

II. Zur Kritik der nachchristlichen Apathie 45

1. Wenigstens Tierschutz für Häftlinge *46*   2. Die Apathie der Gesellschaft *50*   3. Der apathische Gott der Christen *56*   4. Politische Apathie – am Beispiel Vietnam *61*   5. Den Haß in Stärke verwandeln *65*

III. Leiden und Sprache 79

1. Aus dem Leben eines Arbeiters *80*   2. Das stumme Leiden *88*   3. Phasen des Leidens *91*   4. Der stumme und der redende Gott *96*   5. Gethsemane *100*

IV. Die Wahrheit der Annahme 111

1. Das wiedergefundene Licht *112*   2. Mystische Leidenstheologie *118*   3. Ataraxie und Kreuzesminne *125*   4. Das Affirmative im Christentum *130*   5. Hiob ist stärker als Gott *136*

V. Leiden und Lernen 149

1. Ein Volkslied aus Chile *150*   2. Der bittere Christus *157*   3. Ich und der Vater sind eins *165*   4. Leiden und Atheismus *173*   5. Das Kreuz *178*

VI. Die Religion der Sklaven 185

1. Simone Weil, toujours Antigone *186*   2. Selig sind, die Leiden erfahren *193*   3. Das Paradox *199*   4. Es gibt kein fremdes Leid *208*   5. Noch einmal: Iwan und Aljoscha *212*

Anmerkungen 218